食物损耗

中国食物全产业链损耗评估

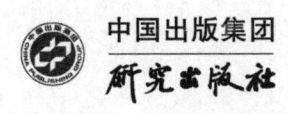

程广燕 卢士军 周琳 著

中国出版集团
研究出版社

图书在版编目 (CIP) 数据

食物损耗：中国食物全产业链损耗评估 / 程广燕，卢士军，周琳著. — 北京：研究出版社，2022.11
（农业农村产业振兴发展研究）
ISBN 978-7-5199-1299-4

Ⅰ.①食… Ⅱ.①程… Ⅲ.①农产品-供应链管理-研究-中国 Ⅳ.①F724.72

中国版本图书馆CIP数据核字(2022)第165670号

出 品 人：赵卜慧
出版统筹：张高里　丁　波
责任编辑：寇颖丹
助理编辑：何雨格

食物损耗
SHIWU SUNHAO
中国食物全产业链损耗评估

程广燕　卢士军　周　琳　著

研究出版社 出版发行

（100006　北京市东城区灯市口大街100号华腾商务楼）
北京云浩印刷有限责任公司　　新华书店经销
2022年11月第1版　2022年11月第1次印刷
开本：710毫米×1000毫米　1/16　印张：9
字数：76千字
ISBN 978-7-5199-1299-4　　定价：49.00元
电话（010）64217619　64217612（发行部）

版权所有·侵权必究
凡购买本社图书，如有印制质量问题，我社负责调换。

本专著主要成果由国家重点研发计划《食物浪费综合效应评估及减量化技术引进与研发》（2016YFE0113100）、中国农科院科技创新工程《动物性食物健康消费与产业政策》（202110113）、农业农村部畜牧兽医局肉类全产业链损耗调研课题资助。

目录

第一章
我国植物性产品损耗研究

一、引言 ································· 002

二、研究方法 ······························ 004

三、研究结果 ······························ 010

四、损耗原因 ······························ 014

五、讨论 ································· 016

六、总结与展望 ···························· 023

第二章
我国肉类全产业链损耗及可食用系数研究

一、引言 ································· 033

二、数据来源与计算方法 ···················· 038

三、结果 ································· 042

四、讨论 ································· 048

五、结论 ………………………………………… 051

第三章
我国水产品全产业链损耗研究

一、基本概念与方法 …………………………… 057

二、海水养殖产品产业链损耗估算 …………… 070

三、淡水养殖产品产业链损耗 ………………… 080

四、海洋捕捞水产品产业链损耗 ……………… 089

五、水产品全产业链损耗总测算结果 ………… 098

六、讨论与说明 ………………………………… 102

第四章
我国蛋类全产业链损耗情况

一、引言 ………………………………………… 109

二、数据来源与计算方法 ……………………… 111

三、禽蛋产业链损耗 …………………………… 114

四、禽蛋有效供给量 …………………………… 119

五、建议 ………………………………………… 120

第五章
我国食物全产业链损耗情况及减损建议

一、我国食物全产业链损耗情况 ……………… 124

二、造成食物损耗的主要原因分析…………………… 126

三、推动食物减损的政策建议………………………… 129

后　记……………………………………………………… 132

第一章

我国植物性产品损耗研究[①]

卢士军　程广燕（通讯作者）　李　泰　李钰茹

摘要：对我国主要农产品全产业链损耗情况进行定量评估，分析产生损耗的主要原因，提出减损策略，为制定我国粮食安全战略提供决策参考。本研究采用问卷调查和定性访谈方法，对我国主要植物性农产品主产区进行全产业链（包括农业生产、收获后处理、贮藏、加工、流通5个环节）实地调研。从全产业链来看，主粮类、蔬菜类、水果类全产业链标准损耗率分别为7.9%、27.7%、13.2%。我国主要农产品损耗处于较高水平，还有较大的降损空间，亟须制定有效的减损措施，进一步提高国家的粮食供给水平。

关键词：主要农产品，全产业链，损耗，降损空间

[①] 基于本研究形成的论文发表于 *Resources, Conservation and Recycling*，题目为：*Quantifying supply chain food loss in China with primary data: A large-scale, field-survey based analysis for staple food, vegetables, and fruits*。

一、引言

近些年，食物损耗得到了国际社会越来越多的关注。食物损耗发生在食物流动的整个环节。食物损耗不仅对粮食安全造成巨大威胁，还造成了水资源、耕地、化肥的极大浪费。联合国粮食与农业组织（Food and Agriculture Organization，FAO）指出，全球食物产量的三分之一在食物供应链的各环节中被损失和浪费掉，相当于每年投入农业生产的14亿公顷（hm^2）耕地和2500亿立方米（m^3）的地表水和地下水被白白地浪费（Vanham等，2015；Munesue等，2014；Kummu等，2012）。因此，许多国家和国际组织为减少食物损耗和浪费制定了长期目标，如联合国、欧盟、美国等都通过了关于减少食物损耗和浪费的相关决议（UN，2015；EC，2015；USDA，2017）。2015年，联合国在可持续发展目标（SDGS）中提出了，到2030年，全球范围内要减少一半的食物浪费，并减少食物在生产和供应链上的损耗。此外，欧盟还强制要求其成员国对食物垃圾进行监测和报告，以便从循环经济的角度确定食品垃圾，监测减少食物垃圾目标的实现（Caldeira等，2019）。

第一章
我国植物性产品损耗研究

尽管食物损耗和浪费在发达国家受到了广泛的关注，但对于发展中国家来说，农产品全产业链的损耗和浪费研究较少。其中发达国家超过40%的食物损耗发生在零售和消费阶段（FAO，2013），发展中国家超过40%的食物损耗发生在收获后处理和加工阶段（Thi等，2015；Raak等，2017）。由此可见，发展中国家更需要减少全产业链上的损耗研究。我国作为发展中国家，粮食安全面临着巨大的压力，一方面农业生产资源环境压力持续加大、耕地面积基本稳定、农产品增产空间有限（成升魁等，2017）；另一方面农产品全产业链中仍存在较大比例的损耗和浪费（王灵恩等，2015），如何满足日益增长的消费需求亟待解决。

与发达国家研究相比，关于我国的农产品损耗缺乏系统的一手数据，部分研究只针对主粮类，且多为单一环节研究，鲜有贯穿全产业链的系统研究。农产品种类繁多，但现有研究涉及内容较少，且数据陈旧。目前对我国食物损耗的估算多通过引用文献资料和FAO报告中的数据，存在的不确定因素较多、可靠性较低。因此，我国亟须对主要农产品损耗进行基础研究，以减轻食物损耗对我国粮食安全、生态环境的压力，为制定相关减损政策提供依据。

针对这些问题，本研究以主粮、蔬菜和水果作为研究对象。通过在典型主产区、主销区开展全产业链调研，对我国主要农产品产后损耗情况进行评估，分析产生损耗的主要原因，估算主要农产品全产业链减损空间，以填补我国食物损耗数据的空白，为制定我国粮食安全战略提供决策参考。

二、研究方法

（一）相关定义

1. 食物损耗

食物损耗指农产品在生产、收获后处理、贮藏、加工、流转等环节由于人为、技术、设备等因素造成的可食用部分（不包括非可食用部分和种子部分）的损失，包括可供食用却转为其他用途（如燃料、动物饲料等）的食物量的减少等。

2. 研究边界

根据FAO的定义，农产品全产业链可划分为农业生产、收获后处理、贮藏、加工、流转等多个环节（FAO，2011）（见图1-1）。

第一章
我国植物性产品损耗研究

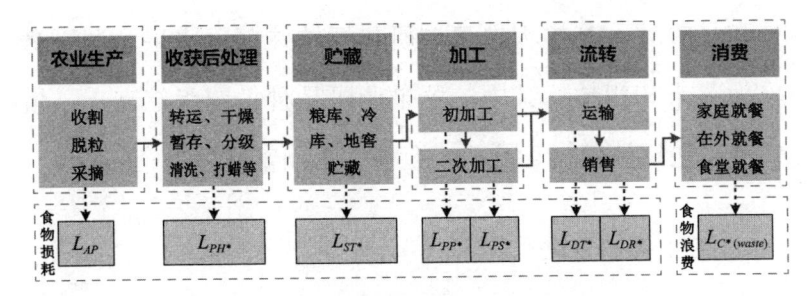

图1-1 农产品损耗系统定义

注：L_{AP}，农业生产环节标准化损耗率；L_{PH*}，收获后处理环节标准化损耗率；L_{ST*}，贮藏环节标准化损耗率；L_{PP*}、L_{PS*}，初加工、二次加工过程标准化损耗率；L_{DT*}、L_{DR*}，流转环节中运输、销售过程标准化损耗率

调研主要农产品全产业链各环节概况如图1-1所示，其中蔬菜类和水果类损耗均不含加工产品损耗。农产品全产业链流转过程中出现的残次品（如加工果汁用的水果次品、加工淀粉用的马铃薯次品）、加工副产品（如稻谷加工过程中产生的油糠、白糠等）等，可能经过其他加工生产方式直接或者间接被人食用，本书中不作为全产业链中的损耗。

（二）研究对象

主粮类研究对象为小麦、稻谷和玉米，其中小麦调研以中筋麦为主，稻谷以籼稻、粳稻为主，玉米以普通饲用玉米为主，品种不限。蔬菜类调研对象包括大白菜、西红柿和马铃薯。其中大白菜调研包括娃娃菜。水果类调研对象为苹果和柑橘。其中，苹果调研品种主要为红富士，柑橘调研包括沙糖橘、夏橙、金橘、温州蜜橘等多个品种。

（三）调研方法

被调查人群主要包括农产品全产业各环节的从业人员，相关各环节的企事业单位生产负责人，调研当地农业主管部门相关负责人，行业协会的有关负责人，等等。

对全产业链各环节分层抽样调研，生产环节主要调研对象为生产农户，采用多阶段分层抽样方法，在每类农产品主产省份中选择2个主产市，每个主产市随机选择进入国家产粮大县目录的2个主产县（区），每个县（区）随机选择4个村，每村根据种植规模确定生产者抽样人数10~15人；收获后处理环节主要调研对象为农产品经纪人和一线操作工人，根据主产区县的农产品经纪人从业数量，每县（区）随机抽取2~5人；贮藏环节主要调研粮库和冷库负责人，根据农产品类型，选择产区周围的中国储备粮管理集团有限公司粮库、省/市/县级粮食储备库、企业粮库、企业冷库，每个主产县（区）不少于3所；加工环节调研对象为农产品加工企业的生产负责人和操作工人，根据农产品类型，选择主产区周围的龙头企业与小型企业各1家；流转环节调研对象主要为农产品货运商或经销商，选择调研主产区从事农产品运输的货运商或者经销商。农产品损耗调研时间为2017年4月至2019年9月（见表1-1）。

表1-1　农产品全产业链调研对象

环节	调研对象	调研对象概况
农业生产	生产农户	从事农业生产，对农产品进行收割、采摘等
收获后处理	农产品经纪人	收购农产品，对农产品进行商业化处理、销售等
	一线操作工人	农产品收获后从事分级、清洗、干燥等
贮藏	粮库、冷库负责人	农产品存放过程中管理人员、负责人员
加工	企业负责人	农产品加工企业生产负责人
	操作工人	具体从事加工作业工作人员
流转	货运商	农产品长距离运输从业人员
	经销商	农产品在商超、农贸市场的销售人员

注：主粮类播种面积≥3.3 hm^{2}者视为大户，<3.3 hm^{2}者视为散户

对大样本的人群调查（如农户、消费者等），通常采用自填式问卷调查。问卷调查主要内容包括农产品类型、总产量、购买量、损耗量、损耗环节及原因；对小样本的人群调查（如一线操作工人、粮库管理者、农产品经纪人、企业负责人、冷库负责人、农产品物流商等），通常采用"一对一"访谈。访谈内容包括农产品

类型、存储或加工方式、流转形式、收购量或存储量、损耗量、损耗环节及原因等。在进行调研时，先由调查员描述解释调查问题，确保被调研人员可以对问题准确理解后再进行作答。

（四）损耗率计算

1. 生产损耗率（Loss of Agricultural Production，L_{AP}）

指生产收割、采摘过程中损耗量占总产量的比重。生产环节损耗率计算公式：

$$L_{AP} = \frac{\sum_{i=1}^{n} A_i M_i}{\sum_{i=1}^{n} C_i M_i} \times 100\%$$

L_{AP}：生产损耗率；M_i：农户i的实际种植数；A_i：农户i生产收割、采摘过程中损失量；C_i：农户i生产过程总产量。

2. 收获后处理损耗率（Loss of Post-harvest handling，L_{PH}）

主粮类指产后干燥、转运、临时贮藏等期间的损耗率。果蔬类指产后分级、清洗、挑拣、打蜡、临时贮藏期间的损耗率。计算比例均由"一对一"农户访谈获得。

3. 贮藏损耗率（Loss of Storage，L_{ST}）

指农产品在粮库、冷库贮藏期间因水分损失、虫霉鼠害、变质腐败等造成的损耗率。贮藏环节损耗率计算公式：

$$L_{ST} = \frac{\sum_{i=1}^{n} P_{s,i} S_i}{\sum_{i=1}^{n} S_i} \times 100\%$$

L_{ST}：贮藏损耗率；$P_{s,i}$：粮库、冷库i的贮藏损耗率；S_i：粮库、冷库i的实际贮藏量。

4. 加工损耗率（Loss of Processing，L_P）

加工损耗率指农产品加工企业初次加工（Loss of Preliminary Processing，L_{PP}）、二次加工（Loss of Processing Secondary，L_{PS}）期间的损耗率。

$$L_P = L_{PP} + L_{PS}$$

L_P：加工损耗率；L_{PP}：初加工损耗率；L_{PS}：二次加工损耗率。数据均由企业访谈获得。

5. 流转损耗率（Loss of Distribution，L_D）

指农产品运输和销售过程中的损耗率，此处的运输是指在全国范围内的物流配送。

$$L_D = L_{DT} + L_{DR}$$

L_D：加工损耗率；L_{DT}：运输损耗率（Loss of Distribution of Transportation，L_{DT}）；L_{DR}：销售损耗率（Loss of Distribution of Retailing，L_{DR}）。数据均由经销商访谈获得。

6. 总损耗率（Loss of Total Supply Chain，L_{TSC}）

由于农产品总量从生产到消费各环节逐级递减，为便于全产业链各环节损耗率的加总或比较，本研究将每个环节的损耗率进行标准化处理，标准损耗率指全产业链中上一环节进入下一环节后的叠加损耗率，各环节对应的损耗率称为标准化损耗率（见表1-2）。

表1-2　全产业链各环节农产品标准化损耗率计算公式

	环节	计算公式
标准化损耗率	农业生产	L_{AP}
	收获后处理	$L_{PH*} = (1-L_{AP}) \times L_{PH}$
	贮藏	$L_{ST*} = (1-L_{AP}) \times (1-L_{PH}) \times L_{ST}$
	初加工	$L_{PP*} = (1-L_{AP}) \times (1-L_{PH}) \times (1-L_{ST}) \times L_{PP}$
	二次加工	$L_{PS*} = (1-L_{AP}) \times (1-L_{PH}) \times (1-L_{ST}) \times (1-L_{PP}) \times L_{PS}$
	流转	$L_{D*} = (1-L_{AP}) \times (1-L_{PH}) \times (1-L_{ST}) \times (1-L_{PP}) \times (1-L_{PS}) \times L_D$

三、研究结果

（一）主要农产品全产业链情况

课题组累计走访调研16个省35个主产县，先后完成了1809个农户、100名农产品经纪人、66个粮库、17个冷库、30家加工企业、92家零售商（运输商）的实地调研访谈（见表1-3）。

第一章
我国植物性产品损耗研究

表1-3 农产品各环节调研样本概况

种类	品种	农业生产	收获后处理	贮藏	加工	流转
主粮类	小麦	262	20	14	5	57
	稻谷	417	21	34	25	57
	玉米	344	16	18	—	—
蔬菜类	大白菜	221	8	/	—	12
	西红柿	221	2	/	—	12
	马铃薯	202	6	202	—	12
水果类	苹果	82	12	14	—	17
	柑橘	60	15	3	—	6

注：流转包括运输商和零售商；马铃薯贮藏环节调研对象为生产农户；/表示实际不存在的环节，—表示存在但没有调查的环节

根据调研情况，我们发现不同农产品全产业链上环节有所区别。主粮中的玉米主要为饲料用途，仅包含农业生产、收获后处理和贮藏环节。蔬菜和水果类的农产品主要为直接食用，不含加工环节。有贮藏环节还包括马铃薯、苹果和柑橘，各类农产品总损耗率（见表1-4）。

表1-4 各类农产品全产业链总损耗率

种类	品种	总损耗率
主粮类	小麦、稻谷	$L_{TSC}= L_{AP}+ L_{PH*} + L_{ST*}+ L_{P*}+ L_{D*}$
	玉米	$L_{TSC}= L_{AP}+ L_{PH*} + L_{ST*}$
蔬菜类	大白菜、西红柿	$L_{TSC}= L_{AP}+ L_{PH*} + L_{D*}$
	马铃薯	$L_{TSC}= L_{AP}+ L_{PH*} + L_{ST*} + L_{D*}$
水果类	苹果、柑橘	$L_{TSC}= L_{AP}+ L_{PH*} + L_{ST*} + L_{D*}$

（二）全产业链损耗情况

从全产业链各环节来看，主粮类标准化总损耗率为7.9%，蔬菜类标准化总损耗率为27.7%，水果类标准化总损耗率为13.2%（见图1-2）。可以发现，其中蔬菜类损耗最高，主粮类损耗最低。农产品单品中，大白菜损耗率最高，其次是马铃薯。由于玉米为饲用玉米，产业链较短，损耗率最低。

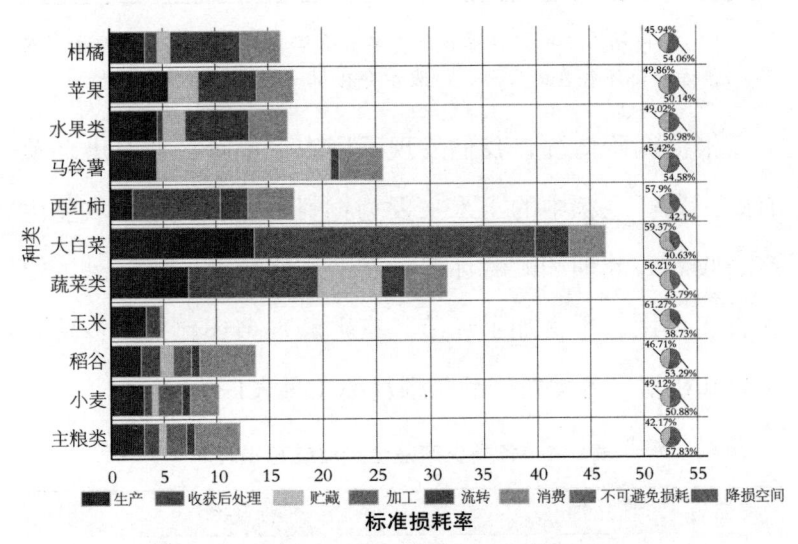

图1-2 各类农产品损耗率及降损空间（%）

整体来看，主粮中消费环节损耗最高，占总损耗的35.09%。蔬菜类收获后处理环节损耗最高，占总损耗的38.65%。水果类流转环节损耗最高，占总损耗的35.97%。

其次是生产环节，占总损耗的26.68%。

（三）降损空间

以各环节的最低损耗率为标准，主粮类全产业链损耗率可降低3.3%，蔬菜类全产业链损耗率可降低15.3%，水果类全产业链损耗率可降低6.3%（见表1-5、图1-2）。其中蔬菜类降损空间最大，大白菜、西红柿和马铃薯降损空间均在10%以上，主要减损环节发生在收获后处理和贮藏环节。主粮类、水果类也有较大降损空间，最低损耗约为现阶段损耗的一半。

表1-5　全产业链各环节降损空间对比表（%）

品种		农业生产	收获后处理	贮藏	加工	流转	合计
小麦	最小值	1.00	0.40	0.40	2.00	0.50	/
	标准最小值	1.00	0.39	0.39	1.96	0.48	4.22
	平均值	3.12	0.75	0.58	2.27	0.79	7.51
稻谷	最小值	1.00	1.50	1.00	1.50	0.50	/
	标准最小值	1.00	1.49	0.98	1.44	0.48	5.39
	平均值	2.84	1.85	1.21	1.73	0.79	8.42
玉米	最小值	1.00	0.80	0.10	—	—	/
	标准最小值	1.00	0.79	0.10	—	—	1.89
	平均值	3.33	1.36	0.19	—	—	4.88
大白菜	最小值	5.00	10.00	—	—	3.00	/
	标准最小值	5.00	9.50	—	—	2.67	17.08
	平均值	13.61	26.18	—	—	3.19	42.98

续表

品种		农业生产	收获后处理	贮藏	加工	流转	合计
西红柿	最小值	1.00	3.00	—	—	1.50	/
	标准最小值	1.00	2.97	—	—	1.44	5.41
	平均值	2.11	8.31	—	—	2.60	13.02
马铃薯	最小值	2.00	/	10.00	—	0.50	/
	标准最小值	2.00	/	9.80	—	0.44	12.24
	平均值	4.41	/	16.37	—	0.80	21.58
苹果	最小值	2.00	/	2.00	—	3.00	/
	标准最小值	2.00	/	1.96	—	2.88	6.84
	平均值	5.55	/	2.83	—	5.51	13.89
柑橘	最小值	2.82	1.00	0.91	—	2.30	/
	标准最小值	2.82	0.97	0.88	—	2.19	6.86
	平均值	3.32	1.18	1.24	—	6.61	12.35

注：最小值是指各环节中，本环节的最低损耗率；标准最小值是指全产业链上，由上一环节进入下一环节后的叠加损耗率

四、损耗原因

第一，基础设施和配套设备投入不足导致损耗。各类农产品在生产、收获、处理、贮藏、运输、加工、包装、销售、食用等产业链流通的各个环节都会涉及基础设施、机械设施和配套设备。由于对设备投入不足造成收获环节的机械损伤损耗，贮藏环节的仓储基础设施投入不足导致农产品的霉变变质损耗，加工环节的加工不当从而造成损

第一章
我国植物性产品损耗研究

耗,等等。

第二,各环节操作技术不标准、不熟练导致损耗。操作技术也是影响农产品损耗的重要因素,人工操作和机械操作的不标准和失误导致各个产业链环节出现损耗,如在收获马铃薯时机械挖掘过深会造成马铃薯表皮破损造成损耗,采摘水果过程中由于手法不熟练导致水果破损造成损耗,在搬运农产品上下货车时由于搬运不当造成损耗,以及在超市摆放农产品销售时由于摆放不当造成破损。

第三,消费者挑拣损耗。在零售市场中还存在消费者的挑拣或包装破损造成的损耗,在超市中这种现象更加突出,因为超市中聚集了大量的消费者,消费者出于自身的考虑会多加挑选,尤其是蔬菜水果过分挑拣导致部分不能出售造成损耗。

第四,消费观念偏差导致损耗。观念的偏差也会造成农产品的损耗,不同的消费心理会带来不同的消费行为。消费者"亮、白、精"的错误消费观念造成主粮多次加工,导致损耗与营养流失,很多蔬菜从土地中的"大白菜"变成消费者手中的"娃娃菜";节约粮食的观念没有树立起来,消费者对食物浪费造成损耗;企业社会责任意识较弱,推崇奢华、过度消费;等等。

五、讨论

(一) 研究意义

本研究通过实地调研和问卷访谈,对我国主要消费农产品进行了深入的调研分析,主粮类、蔬菜类和水果类三大类主要农产品全产业链标准损耗分别为7.9%、27.7%和13.2%,为中国主要农产品损耗研究提供了宝贵的一手数据。

(二) 国内外研究对比

通过与其他研究对比(见表1-6),国内关于损耗的相关资料和报告较少,大多数集中在欧洲等发达国家(FUSIONS,2016;FAO,2019;Monier等,2010;Porter等,2016)。农业生产环节中,中国主粮类作物损耗高于欧美平均水平,果蔬类损耗则低于欧美(De Laurentiis等,2018;Porat等,2018;Mattsson等,2018)。收获后处理环节,与欧美相近。贮藏环节的损耗要明显低于Liu G.的研究结果。主粮类的加工损耗和欧美还有一定差距,流通销售环节损耗也与欧盟、美国相近。

表1-6 本研究与国际研究对比

种类	研究者	农业生产	收获后处理	贮藏	加工	流转
主粮类	FAO, 2011亚洲	2.00	10.00（含贮藏）	/	0.50	2.00
	FAO, 2011欧洲	2.00	4.00（含贮藏）	/	0.50	2.00
	FAO, 2011北美	2.00	2.00（含贮藏）	/	0.50	2.00
	Liu G., 2014中国	5.00~9.00	4.00~6.00	5.70~8.60	2.20~3.30	1.00~1.50
	Carla, 2019欧洲	1.53	3.20	/	/	2.17
	Porter等, 2016欧洲	4.33	3.85	/	10.50	3.00
	本研究	3.11	1.40	0.64	1.94	0.79
果蔬类	FAO, 2011亚洲	10.00	8.00（含贮藏）	/	2.00	8.00
	FAO, 2011欧洲	20.00	5.00（含贮藏）	/	2.00	10.00
	FAO, 2011北美	20.00	4.00（含贮藏）	/	2.00	12.00
	Liu G., 2014中国	20.00~30.00	/	15.00	/	10.00
	Carla, 2019欧洲	16.35~19.56	3.80~8.98	/	/	1.18~1.31
	Porter等, 2016欧洲	20.00	7.32	/	2.00	4.87
	本研究	4.48~7.37	0.57~12.19	2.07~5.92	/	2.18~6.04

注：Carla数据由损耗量计算而来

国内对于损耗研究多集中在主粮类农产品，多为单一品种、全产业链中的某个环节，研究结果较为琐碎，很少有完整的全产业链调研数据。在主粮中，小麦除农业生产环节损耗外，其余环节均低于高利伟（2010）、曹芳芳（2018）、魏祖国（2016）等人的研究结果（见表1-7）。稻谷在不考虑二次加工的情况下，损耗率低于之前丁建武（2005）、应霞芳（2005）等人的研究结果（见表1-8）。玉米除收获后处理环节比当前研究较高外，其余环节均低于当前研究结果（见表1-9）。对于果蔬类损耗，本研究与当前主要综述的25%~30%相近（见表1-10、表1-11）。

表1-7　国内小麦全产业链各环节损耗和浪费率研究对比

环节	作业类型	以往研究结果	说明
全产业链	不含浪费	FAO（2011），24.50%	亚洲综合数据，谷物大类
农业生产	收割（含脱粒）	高利伟（2010），2.30%	文献综述
农业生产	收割（含脱粒）	曹芳芳（2018），2.43%	4省5地
农业生产	收割（含脱粒）	曹芳芳（2018），4.72%	16省
收获后处理	收获后处理	高利伟（2010），2.30%	文献综述
贮藏	贮藏	高利伟（2010），3.20%	文献综述
贮藏	贮藏	王若兰（2009），0.30%	河南省
贮藏	贮藏	于林平（2010），1.00%~2.00%	文献综述
加工	加工	Gustafsson, J.(2013)，0.50%	欧洲综合数据，谷物大类

续表

环节	作业类型	以往研究结果	说明
流转	运输	高利伟（2010），0.9%	文献综述
流转	运输	魏祖国（2016），1.00%	文献综述
消费	浪费	Gustafsson, J.(2013), 25.00%	欧洲综合数据，谷物大类
消费	浪费	Buzby, J.(2014), 19.00%	美国LAFA数据，谷物大类

表1-8 国内稻谷全产业链各环节损耗和浪费率研究对比

环节	作业类型	以往研究结果	说明
全产业链	不含浪费	丁建武（2005），10%~18%	8省17县调研
全产业链	不含浪费	应霞芳（2005），15.00%	南方水稻测定值
农业生产	收割（含脱粒）	詹玉荣（1995），4.16%	22省574县调研
农业生产	收割（含脱粒）	曹宝明（1999），4.00%	江苏3市调研
农业生产	收割（含脱粒）	黄东（2018），3.02%	5省6地调研
收获后处理	收获后处理	高利伟（2016），2.30%	文献综述
贮藏	贮藏	经验数据（2007），5.00%	粮食测算值
贮藏	贮藏	尹国彬（2017），1.30%	文献综述
贮藏	贮藏	姜自德（2016），5.00%	农业部门统计
加工	初加工	Gustafsson, J.(2013), 0.50%	欧洲综合数据，谷物大类
加工	初加工	李植芬（1991），2.81%	农户碾米
加工	初加工	唐为民（1998），3.75%	经验值
加工	初加工	樊琦（2015），2.00%	精米加工

续表

环节	作业类型	以往研究结果	说明
流转	运输	唐为民（1998），1.05%	经验值
	运输	梁录瑞（1993），2.00%	经验值
	运输	许世卫（2007），0.80%	经验值
消费	浪费	王灵恩（2017），7.00%	4城市调研，米饭按50%折算大米
	浪费	Gustafsson, J.(2013), 25.00%	欧洲综合数据，谷物大类
	浪费	Buzby, J.(2014), 19.00%	美国LAFA数据，谷物大类

表1-9 国内玉米全产业链各环节损耗和浪费率研究对比

环节	作业类型	以往研究结果	说明
全产业链	不含浪费	高利伟（2010），9.00%	文献综述
农业生产	收割（含脱粒）	郭焱（2018），2.74%	25省调研
	收割（含脱粒）	高利伟（2010），2.30%	文献综述
	收割（含脱粒）	FAO（2010），2.00%	亚洲综合数据，谷物大类
收获后处理	收获后处理	高利伟（2010），2.30%	文献综述
贮藏	贮藏	杨琴（2012），5.00%	吉林省14县
	贮藏	高树成（2008），6.00%~10.00%	辽宁省
	贮藏	高利伟（2010），4.50%	文献综述

表1-10 国内蔬菜全产业链各环节损耗和浪费率研究对比

环节	作业类型	以往研究结果	说明
全产业链	不含浪费	陈军（2009），25.00%~30.00%	文献综述
	不含浪费	刘彬（2015），30.00%	文献综述

续表

环节	作业类型	以往研究结果	说明
农业生产	采摘	FAO（2015），14.50%	北美果蔬
	采摘	FAO（2015），49.60%	亚洲果蔬
收获后处理	收获后处理	FAO（2015），2.40%	北美果蔬
	收获后处理	FAO（2015），34.70%	亚洲果蔬
贮藏	贮藏	郭适平（2019），3.00%~20.00%	马铃薯储藏
	贮藏	吕宁（2018），10.00%~30.00%	冀西北坝上
	贮藏	苏林富（2009），8.00%~13.00%	内蒙古西吉县
	贮藏	孙茂林（2002），47.40%	云南省
流转	运输	储霞玲（2016），15.00%	实地调研
	销售	谭峰（2010），5.00%~15.00%	超市调研
消费	浪费	FAO（2015），11.10%	北美果蔬
	浪费	FAO（2015），54.00%	亚洲果蔬

表1-11 国内水果全产业链各环节损耗和浪费率研究对比

环节	作业类型	以往研究结果	说明
全产业链	不含浪费	姬鹏飞（2018），20.00%	文献综述
	不含浪费	刘彬（2015），30.00%	文献综述
	不含浪费	Ajila（2010），25.00%~30.00%	文献综述
	不含浪费	陈军（2009），25.00%~30.00%	文献综述
	不含浪费	洪涛（2007），1.00%~2.00%	美国果蔬
农业生产	采摘	FAO（2011），20.00%	北美果蔬
	采摘	刘颖（2013），2.00%~5.00%	文献综述
	采摘	FAO（2011），10.00%	亚洲果蔬

续表

环节	作业类型	以往研究结果	说明
收获后处理	收获后处理	刘颖（2013），2.00%~5.00%	文献综述
	收获后处理	FAO，(2015)4.00%	北美果蔬
	收获后处理	FAO，(2011)8.00%	亚洲果蔬
贮藏	贮藏	陈瑶（2016），18.97%	苹果储藏
	贮藏	刘颖（2013），3.00%~10.00%	文献综述
流转	运输	任艳（2010），20.00%	实地调研
	销售	谭峰（2010），5.00%~15.00%	文献综述
	运输、销售	刘颖（2013），3.00%~10.00%	文献综述
消费	浪费	FAO（2015），11.10%	北美果蔬
	浪费	FAO（2015），54.00%	亚洲果蔬

（三）政策建议

降低食物损耗应兼顾全产业链上的各个环节。生产环节鼓励农产品规模化作业，提高收割作业效率，降低个体农户、小规模企业生产水平较低等造成的额外损耗。农产品收获后明确划分各种农产品的商品化流通标准，减少因标准不一致导致的可食用部分的丢弃。升级改造现有机械设备，减少分级筛选机械对果蔬造成的机械损伤。贮藏时加强对农产品入库前的分拣和清洁，加大各级粮库、冷库贮藏设施升级改造力度。提高农产品加工设备自主研发能力，推行适度加工。在运输过程中，倡导果蔬运输销售全程冷链化。

（四）优缺点

本次调研为我国目前的食物损耗研究提供了大量调研数据。调研时间连续、研究涉及范围广、数据代表性强，填补了我国食物损耗研究方面实际调研数据的空白，为进一步评估中国食物损耗提供了数据基础。

本研究能够在一定程度上反映我国农产品全产业链现况及问题，但是本研究只选择了大类中的主流品种，且调研区域均为主产、主销区，由于主产区全产业链中各环节成熟、发达，配套的设备和技术水平较高，对全国的真实水平有一定的影响，对实际损耗可能有一定程度低估。在实地调研中还发现，部分的食物损耗会被收集起来，用于肥料或者饲料的生产，因此，这部分不能被算作食物全产业链上的损耗。

六、总结与展望

从未来人们对农产品日益增长的消费需求和我国的粮食安全来说，增加农产品产量是很重要的一方面，但是增产的同时，还会带来一系列的生态问题，如水和土壤的污染、温室气体的过量排放、生物多样性的减少等。由此可见，单纯地增加产量是不够的，还需要挖掘和减少现阶段农产品的损耗，在现有的基础上增加农产品供应量，减少资源的消耗量，为未来留下更多的生存和发展空间（Wakiyama等，2019）。

未来应继续开展食物损耗的基础研究，扩大农产品种类，如水产、蛋、奶等。量化农产品损耗对社会、经济和环境的影响（Silvennoinen等，2019；Beretta等，2013）。更加关注农产品在消费阶段对我国家庭、食堂、饭店等不同消费环境的浪费调查，以便更准确地评估浪费情况及驱动因素（Wang等，2017；Principato等，2019；Van Dooren等，2019）。以农产品损耗和浪费量的定量分析为基础，进一步对农产品的减损措施和食物浪费相关的政策进行有效性分析（Munesue等，2014；Lebersorger和Schneider，2014；Baker等，2019）。

引用和参考文献

[1] Xue L. et al., "Missing Food, Missing Data? A Critical Review of Global Food Losses and Food Waste Data", *Environmental Science & Technology*, 2017, 51(12).

[2] Sagar N. A. et al., "Fruit and vegetable waste: Bioactive compounds, their extraction, and possible utilization", *Comprehensive reviews in food science and food safety*, 2018, 17(3).

[3] Porter S. D. et al., "A half-century of production-phase greenhouse gas emissions from food loss & waste in the global food supply chain", *Science of the Total Environment*, 2016, 571(15).

[4] Pagani M. et al., "Impacts and costs of embodied and nutritional energy of food losses in the US food system: farming and processing (Part A)", *Journal of Cleaner Production*, 2019, 244.

[5] Parfitt J. et al., "Food waste within food supply chains: quantification and potential for change to 2050", *Philosophical transactions of the royal society B: biological sciences*, 2010, 365(1554).

[6] Kummu M. et al., "Lost food, wasted resources: Global food supply chain losses and their impacts on freshwater, cropland, and fertiliser use", *Science of the total environment*, 2012, 438.

[7] Caldeira C. et al., "Quantification of food waste per product group along the food supply chain in the European Union: A mass flow analysis", *Resources, Conservation and Recycling*, 2019, 149.

[8] Van Dooren C, et al., "Measuring food waste in Dutch households: A synthesis of three studies". *Waste management*, 2019, 94: 153−164.

[9] Munesue Y. et al., "The effects of reducing food losses and food waste on global food insecurity, natural resources, and greenhouse gas emissions", *Environmental Economics and Policy Studies*, 2015, 17(1).

[10] Philippidis G. et al., "Waste not, want not: A bio-economic impact assessment of household food waste reductions in the EU", *Resources, Conservation and Recycling*, 2019, 146.

[11] "European Commission Food Safety Home Page 2021", http://ec.europa.eu/food/safety/food_waste/euactions_en/, 2021.

[12] "United Nations, 2021 United Nations. United nations sustainability development goals home page", http://www.un.org/sustainabledevelopment/sustainable-consumption-production/, 2021.

[13] "United Nations Environment Programme (2021)", *Food waste index report*, 2021.

[14] Silvennoinen K. et al., "Food waste case study and monitoring developing in Finnish food services", *Waste Management*, 2019, 97.

[15] Schneider F. et al., "A methodological approach for the on-site quantification of food losses in primary production: Austrian and German case studies using the example of potato harvest", *Waste Management*, 2019, 86.

[16] Gustavsson, J. et al., "Global Food Losses and Food waste: extent, Causes and Prevention". *Food and Agriculture Organization of the United Nations* (FAO), 2011.

[17] Thi N. B. D. et al., "An overview of food waste management in developing countries: Current status and future perspective".

Journal of environmental management, 2015, 157.

[18] Raak N. et al., "Processing-and product-related causes for food waste and implications for the food supply chain". *Waste management*, 2017, 61.

[19] Stenmarck Â. et al., "Estimates of European food waste levels", *IVL Swedish Environmental Research Institute*, 2016.

[20] "The state of food and agriculture 2019. Moving forward on food loss and waste reduction", *FAO*, 2019, 2.

[21] Porter S. D. et al., "A half-century of production-phase greenhouse gas emissions from food loss & waste in the global food supply chain", *Science of the Total Environment*, 2016, 571(15).

[22] Liu, G., "Food Losses and Food Waste in China: A First Estimate, Agriculture and Fisheries Papers", *OECD*, 2014, 66.

[23] Wakiyama T., "Responsibility for food loss from a regional supply-chain perspective", *Resources, Conservation and Recycling*, 2019, 146.

[24] Beretta C. et al., "Quantifying food losses and the potential for reduction in Switzerland", *Waste management*, 2013, 33(3).

[25] Wang L. et al., "The weight of unfinished plate: A survey based characterization of restaurant food waste in Chinese cities", *Waste Management*, 2017, 66: 3–12.

[26] Principato L. et al., "Adopting the circular economy approach on food loss and waste: The case of Italian pasta production", *Resources, Conservation and Recycling*, 2019, 144.

[27] Vanham D. et al., "Lost water and nitrogen resources due to EU consumer food waste", *Environmental Research Letters*, 2015, 10(8).

[28] Lebersorger S. and Schneider F., "Food loss rates at the food retail, influencing factors and reasons as a basis for waste prevention measures", *Waste management*, 2014, 34(11).

[29] Baker N. et al., "Net yield efficiency: Comparing salad and vegetable waste between community supported agriculture and supermarkets in the UK", *Journal of Agriculture, Food Systems, and Community Development*, 2019, 8(4).

[30] Munesue Y. et al., "The effects of reducing food losses and food waste on global food insecurity, natural resources, and greenhouse gas emissions", *Environmental Economics and Policy Studies*, 2015, 17(1).

[31] 成升魁等：《笔谈：食物浪费》，《自然资源学报》2017年第4期。

[32] 王灵恩等：《中国食物浪费研究的理论与方法探析》，《自然资源学报》2015年第5期。

[33] 高利伟等：《食物损失和浪费研究综述及展望》，《自然资源学报》2015年第3期。

[34] 曹芳芳等：《中国小麦收获环节损失有多高？——基于4省5地的实验调研》，《干旱区资源与环境》2018年第7期。

[35] 魏祖国等：《我国粮食物流运输损失评估及减损对策》，《粮油仓储科技通讯》2016年第2期。

[36] 丁建武等：《减少粮食产后损失对确保我国粮食安全的重要性》，《粮食储藏》2005年第2期。

[37] 应霞芳等：《粮食产后处理模式的系统分析与优化》，《浙江大学学报（农业与生命科学版）》2005年第3期。

第二章

我国肉类全产业链损耗及可食用系数研究[①]

周　琳　杨祯妮　张　敏　程广燕（通讯作者）

摘要：我国是肉类生产和消费大国，2017年我国肉类产量达到8588.1万吨。从全产业链的视角看，肉类从生产者到消费者餐桌要经历养殖、屠宰、排酸、分割、运输、零售、贮藏等多个环节，每个环节都会发生不同程度的损耗，这是对资源和环境的巨大浪费，尤其是从屠宰到终端消费所经历的环节。本研究将聚焦猪肉、牛肉、羊肉、禽肉四个基于全产业调研大肉类产品，重点关注分割、预冷排酸、运输、零售、批发、冷冻等动物性产品从屠宰到消费的重要环节，明确猪肉、牛肉、羊肉、禽肉四种肉类产品在主要环节中的食物损耗量，并在此基础上计算出不同肉类产品的可食用比例。基于系统分析的思路，从全

---

① 基于本研究形成的论文发表于《中国农业科学》2019年第21期，题目为肉类全产业链损耗及可食用系参数研究。

产业链视角将肉类从生产到消费终端链条中可能会产生损耗的环节划分成分割、运输、销售终端、预冷排酸、冷冻贮藏五个环节，通过全产业链跟踪调查的方法，分别收集猪肉、牛肉、羊肉、禽肉产业链条上各环节的损耗数量。考虑到冷鲜肉、热鲜肉、冷冻肉的三种消费形态产业链条的差异性，笔者以不同消费形态的市场占比为权重，在获得每类消费形态全产业链损耗基础上计算综合损耗率。可食用比例则基于经营主体长期屠宰分割后的实际数据计算得到。在典型区域的选取上以主产省（区、市）为重点，选取不同规模的企业、商超、农贸市场等经营主体，通过一对一访谈调研，获取一手数据。通过对北京、四川、重庆、山东、河南、广东、广西、吉林、内蒙古、新疆等10个省（区、市），19个一体化企业、7个屠宰分割企业和16个终端销售市场的调研可知，当前我国猪肉、禽肉、牛肉和羊肉全环节损耗率分别是8.10%、11.22%、11.47%和7.45%。从肉类流通消费形态划分，猪肉热鲜肉、冷鲜肉和冷冻肉的损耗分别是2.69%、4.12%、8.10%；牛肉热鲜肉、冷鲜肉和冷冻肉的损耗分别是7.17%、8.68%、11.47%；羊肉热鲜肉、冷鲜肉和冷冻肉的损耗分别是4.63%、6.53%、7.45%；禽肉冷鲜肉和冷冻肉的损耗分别是6.31%、11.22%。结合不同流通形态的占比计算可知，猪牛

第二章
我国肉类全产业链损耗及可食用系数研究

羊禽的全产业链综合损耗率分别为4.36%、9.55%、5.94%、9.30%；胴体可食用率分别是78.48%、81.26%、73.72%、68.55%；整体可食用率分别是90.29%、94.84%、96.46%、78.91%。由于饮食习惯的差异，从整体上看中国肉类损耗要显著低于欧美、日本等，食物利用率高。然而肉类全产业链依然存在中小规模企业加工、分割技术水平较低，批发和零售环节冷藏设备不到位，冷冻肉以及国内很多地区居民依然偏好热鲜肉品等，这些均是目前中国肉类损耗的主要原因。从长远看，随着冷鲜肉消费比重的增加，屠宰分割环节技术水平的提升，以及冷藏和储运设施设备的完善，我国肉类全产业链减损降耗依然存在较大的提升空间。

关键词：肉类，全产业链，损耗，可食用系数

一、引言

我国是肉类生产和消费大国，2017年我国肉类产量达到8588.1万吨。肉类从生产者到消费者餐桌要经历养殖、屠宰、排酸、分割、运输、零售、贮藏等环节，每个环节都会发生不同程度的损耗，这是对资源和环境的巨大浪费。FAO估计世界每年大约有三分之一的食物没有到达消费者手中。Quested在2011年指出，英国家庭由于各种原因

浪费的食物和饮料的零售价值约为120亿英镑。在生产、加工、运输、储存、准备和处理环节，这些食物所排放的温室气体相当于2000万吨二氧化碳。一方面，FAO、UNEP等国际机构以及Parfitt等研究认为基础设施落后、储备设施缺乏以及知识和技术短缺是造成收获后食物损耗的主要原因；另一方面，食物产业链条的增加也是食物损耗增多的又一核心因素。Lin等表示食物浪费和损耗不仅威胁到全球粮食安全，还严重地损耗了全球资源，并造成了环境污染。Seminar等指出减少损耗对于保护国家粮食安全和保护环境具有重大意义。因此，准确掌握全产业链损耗的数量并分析损耗产生的原因对有效降低损耗数量及制定全产业链减损机制具有重要意义。此外，掌握损耗数量为连接生产数据和消费数据，以及从宏观层面准确分析居民肉类营养摄入情况提供了可能。

当前国内外学者对全产业链食物消费终端的食物浪费数量开展了大量研究。Buzby等2008年对美国超过3.04亿人口的研究表明，零售和消费层面的食物损耗总额达到1656亿美元，在零售层面的食物损耗为平均每人每天0.42美元，在消费层面的食物损耗为平均每人每天1.07美元，总共的食物损耗为平均每人每天1.49美元。Searchinger等在2013年指出，食物浪费主要发生在食物供应链的消费阶段，大约产生35%的食物损耗和浪费，而户外消费期间的食物浪费要显著高于在家消费。王禹在2014年指出，由于在外就餐具有消费方式公众化、消费场所集中化、消费数量难定化、消费支出多样化等特点，使得在外就餐的食物浪费数量惊人，而随着人们生活水平的改善，在外消费比例将不断上升。董彩霞指出，丹麦环保部2015年的数据显示，丹麦全国每年扔掉70万吨可食用食物，其中家庭浪费可食用食物26.6万吨；服务行业浪费22.7万吨，其中食品超市及商店为16.3万吨，旅馆和饭馆为2.9万吨，各类食堂3.1万吨。张盼盼等在2018年指出，总体上餐饮消费者每餐人均浪费量为79.52克，从消费者类型分析，旅游者人均每餐食物浪费量（96.54克）高于非旅游者人均每餐食物浪费量（73.79克）。同时也有很多学者对消费前段产业链的损耗开展了相关研究。许世卫在2005年通过调研估算我国粮食由于生产、管理、运输、加工等技术条件的落后，从生产到销售各环节的损耗每年约5890多万吨，占总产量的12.3%以上。陈军等在2008年提出，生鲜农产品在我国消耗量巨大，我国蔬菜和水果采摘后平均损耗率高达25%～30%，而发达国家的损耗率普遍低于5%，美国仅有1%～2%。项朝阳在2012年对青椒从海南到北京、萝卜从湖北长阳到广东广州两条蔬菜供应链进行跟踪调查后发现，青椒和萝卜在各自产业链批发环节的实体损耗率分别为2.17%和1.00%，零售环节的实体损耗率分别为5.79%和2.67%。夏敬源等在2013年指出，国家粮食部门测算粮食在产后环节（贮藏、运输、加工）的总损耗达到3500万吨以上，其中因农民存储设施不足或缺乏技术指导造成的损耗超过2000万吨。刘彬等2015年指出，我国生鲜蔬菜仅物流过程中的实物损耗率就高达30%。李崇光等2015年通过产业链跟踪调查的方式研究黄瓜、番茄、尖椒、茄子4种蔬菜由山东寿光到北京的流通过程中发现，主要包含大型批发市场、地头市场和农超对接3种流通模式，而以上4种蔬菜在这3种流通模式下的实体损耗率均在15%左右。Benyam 2018年指出，埃塞俄比亚从生产环节到消费环节，马铃薯产后总损耗为24.88%。近年来，也有一些学者从机理角度对食物浪费的原因进行了分析。王灵恩等2015年指出了食物损耗和食物浪费的差别，表明两者都应是贯穿食物全产业链的概念，但食物损耗是因为技术设备等客观因素造成的食物的减少，食物浪费是因为人们的不合理消费等主观因素造成的食物的减少。高利伟等2015年从经济维度、文化维度和健康维度等总结了食物损耗和浪费的原因。成升魁等2017年指出，重生产、轻消费，重前端、轻后端是造成食物浪费的重要原因，国家从政策到管理都只

第二章
我国肉类全产业链损耗及可食用系数研究

重视生产，忽视了食物消费端出现的诸如追求营养、健康、安全等新的变化，学界也未能及时对此进行研究并提出新的对策。

当前我国食物浪费研究依然存在很多空白，产业链损耗的研究对象集中在粮食和仅有的几类蔬菜产品上。一方面，在肉类产量快速增长的情况下，摸清肉类损耗对于减少肉类全产业链损耗，从而对于缓解饲料粮生产压力、节约资源、促进农业的可持续发展具有显著意义；另一方面，肉类的经济价值要显著高于其他农产品，减少肉类损耗的经济效益远远高于同等重量的其他农作物。因此，本研究将依托全产业跟踪调查的方法，以猪肉、牛肉、羊肉、禽肉四大主要肉类产品为研究对象，摸清肉类全产业链的损耗数量和不同肉类的可食用参数，并分析损耗形成的客观原因。

掌握中国猪、牛、羊、禽主要肉类在分割、运输、零售、预冷排酸、冷冻贮藏这五个环节的损耗情况，计算中国肉类从生产到消费全产业链损耗水平和不同环节损耗比例。鉴于我国肉类消费存在热鲜肉、冷鲜肉、冷冻肉三类消费形式，且三类消费形式的供应链环节存在差异性，因此需要在获得每类消费形态全产业链损耗的基础上计算综合损耗率，以及猪肉、牛肉、羊肉、禽肉的可食用参数和不同品种肉类可食用水平。鉴于国家统计生产是以胴体计，而居民消费量包含头蹄尾下水（下水又称杂碎，一般指动物内脏，我国居民常食用的下水有心、肝、肺、腰、肠、肚等），因此本章的可食用参数将基于胴体和整体分别计算。

二、数据来源与计算方法

（一）数据来源

损耗和可食率方面的数据都是基于一手调研，国内供给量的数据来自中国农业农村部官网。基于典型性和代表性的原则，本次肉类损耗调研以主产地为主，兼顾主销区，共在10个省完成了企业调研与数据采集，其中产、加、销一体化大型企业19家，中小型屠宰加工企业7家，商超、批发市场等流通企业16家。猪肉调研区域选择北京、四川、重庆、山东和河南5个省（市），5个省（市）总产量占全国的28.12%，共调研15家企业，其中一体化企业5家，中小型屠宰企业4家，商超及批发市场6家。禽肉调研区选择北京、四川、山东、广东和广西5个省（市），5个省（市）总产量占全国的37.16%，共调研11家企业，其中一体化企业6家，中小型屠宰企业1家，商超及批发市场4

家。牛肉调研区域选择四川、重庆、吉林、内蒙古、山东和北京6个省（区、市），6个省（区、市）总产量占全国的29.93%，共调研12家企业，其中一体化企业6家，商超及批发市场6家。羊肉调研区域选择内蒙古、新疆和四川3个省（区），3个省（区）总产量占到全国的40.23%，共调研2家一体化企业（见表2-1）。

表2-1　肉类损耗分品种调研对象

产品	省（区、市）	一体化企业	屠宰企业	销售终端	市场份额(%)
猪肉	北京、四川、重庆、山东、河南	5	4	6	28.12
禽肉	北京、四川、山东、广东、广西	6	1	4	37.16
牛肉	四川、重庆、吉林、内蒙古、山东、北京	6	—	6	29.93
羊肉	内蒙古、新疆、四川	2	2	—	40.23

（二）损耗计算方法

该研究的目的是通过肉类全产业调研，明确猪肉、牛肉、羊肉、禽肉4种肉类产品从生产到消费所覆盖的全链条中食物损耗数量，以及全产业链不同环节损耗的比例，并在此基础上，结合我国居民的消费习惯，计算出不同肉类产品的可食用比例。

本研究中定义的肉类产业链损耗指预冷排酸、分割、冷冻贮藏、运输、零售5个环节，并且对每个环节损耗的定义是该环节食用部分损耗的重量/胴体重。全环节损耗率即肉类的全产业链损耗是指从养殖到零售各个环节中产品自然损耗，以及因设备、人为因素、技术水平等不同原因导致的不再以食物的形式进入流通环节的可食用部分重量。根据预调研结果，将肉类全产业链划分成预冷排酸、分割、冷冻贮藏、运输（屠宰企业至经销商）、零售5个环节。按肉类不同的消费形态分为热鲜肉、冷鲜肉和冷冻肉3种不同的形态，热鲜肉的损耗率包括分割、运输及零售3个环节的损耗，冷鲜肉的损耗包含预冷排酸、分割、运输及零售4个环节的损耗。冷冻肉的损耗涉及的环节最多，包括预冷排酸、分割、冷冻贮藏、运输及零售5个环节所有形态的损耗。全产业链综合损耗率是指3种不同消费形态在居民实际消费占比加权计算得出的损耗率，这也是在后面计算有效供给量中真正用到的数据。

　　本研究从预冷排酸、分割、冷冻贮藏、运输（屠宰企业至经销商）、零售5个环节分别调研猪肉、禽肉、牛肉、羊肉的损耗情况。预冷排酸造成的损耗是热胴体在冷却过程中因冷热交换而形成的。分割造成的损耗是屠宰动物过程中的一些落地碎肉碎骨等。冷冻贮藏造成的损耗是在解冻的过程中造成的水解蛋白、细胞内水分及营养成分的流失。运输造成的损耗是在运输过程中的水分蒸发、肉类变质等。零售造成的损耗是肉类变质后丢弃和家庭消费时的浪费等。热鲜肉品、冷冻肉品、冷鲜肉品是我国居民肉品消费3种形态，由于这3种形态的产品从胴体到消费市场所经历的环节不同，每种形态的产品全产业链损耗率也不同。因此，猪肉、禽肉、牛肉、羊肉的全产业链综合损耗率是在计算每种消费形态损耗率的基础上加权所得，权重为每种消费形态的产品占总消费量的比重（见表2-2）。

表2-2 肉类不同消费形态的损耗环节

消费形态	分割	运输	零售	预冷排酸	冷冻贮藏
热鲜肉	←――――――――→				
冷鲜肉	←――――――――――――→				
冷冻肉	←―――――――――――――――→				

可食用比例是指可供居民食用的数量占产量的比例，不可食用部分指的是胴体中的骨头和甲状腺、淋巴及肥油等部分。按照我国居民的消费习惯，不在产量统计口径的头蹄尾下水也被城乡居民当作肉类食用，为此，本研究中的可食用部分包括两个方面：一是胴体中的可食用部分；二是头蹄尾下水中的可食用部分。因此，可从两个层面衡量我国肉类产量中的可食比重：一个是胴体可食率，等于

胴体中可食用部分重量/胴体重量；另一个是整体可食率，等于（胴体中的可食用部分重量+头蹄尾下水可食用部分重量）/胴体重量。在编制肉类供给平衡表的时候，采用的是整体可食率的概念。首先，在国内生产量的基础上，根据进出口量，最终算出国内供给量；其次，国内供给量在扣除损耗后，再乘以整体可食率就可得到我国肉类的有效供给量。

三、结果

（一）损耗率

1. 猪肉

从全产业链不同环节看，中国猪肉全环节损耗率为8.10%，其中预冷排酸环节损耗是1.44%，分割环节损耗是0.99%，冷冻贮藏环节损耗是3.98%，运输环节损耗是0.24%，零售环节损耗是1.46%。可见，冷冻贮藏环节的损耗占的比例最高，占全环节损耗的49.14%，这主要是因为猪肉在解冻的过程中会造成水解蛋白、猪肉细胞内水分及营养成分的流失，损失的重量也相对较高。运输这一环节的损耗占的比例最低，占全环节损耗的2.96%。从不同消费类型看，与冷冻猪肉相比，冷鲜和热鲜猪肉涉及的环节较少，热鲜猪肉、冷鲜猪肉和冷冻猪肉的全产业链损耗率依次是2.69%、4.12%、8.10%，三种产品在居民实际消费中的占比依次为14.00%、63.37%、22.33%，按此加权计算，我国猪肉全产业链综合损耗率为 4.36%。

2. 禽肉

中国消费市场上常见的鸡分为白羽鸡和黄羽鸡两种，由于居民食用这两种鸡的习惯不同，使得两种鸡在市场上的流通环节差异较大，因此分别进行分析。从调研数据分析，中国白羽肉鸡全环节损耗率为12.8%，其中冷藏、分割、冷冻贮藏、运输和零售各环节的损耗率分别为2.00%、1.25%、5.80%、0.63%、3.17%，地区之间差异不大。冷冻和冷鲜在白羽肉鸡消费中的比例分别为74.17%、25.83%，对应的各环节合计损耗分别为12.85%、7.05%，白羽肉鸡全产业链综合损耗率为11.35%。中国黄羽肉鸡全环节损耗率为7.43%，其中冷藏、分割、冷冻贮藏、运输和零售各环节的损耗率分别为2.00%、0%、2.84%、0.58%、2.00%。冷冻和冷鲜在黄羽肉鸡消费中的比例分别为26.67%、73.33%，对应的各环节合计损耗分别为7.43%、4.58%，黄羽肉鸡全产业链综合损耗率为5.44%。按当前白羽肉鸡七成、黄羽肉鸡三成的产量比例加权计算，我国肉鸡各环节合计损耗率为11.22%。冷冻肉和冷鲜肉在肉鸡消费中的比例分别为55.17%、44.83%,对应的各环节合计损耗分别为11.22%、6.31%,按此加权计算,我国肉鸡全产业链综合损耗率为9.30%。

3. 牛肉

从全产业链不同环节看,中国牛肉全环节损耗率为11.47%,其中预冷排酸的损耗是1.51%,分割的损耗是3.18%,冷冻贮藏的损耗是2.79%,运输的损耗是0.86%,零售的损耗是3.13%。其中分割和零售的损耗最大,分别占总损耗的比例为27.72%、27.29%。这主要是因为相比其他肉类,牛肉在分割环节水分、落地碎肉及伤肉量较大。运输这一环节的损耗所占比例最低,为总损耗的7.50%。热鲜牛肉、冷鲜牛肉和冷冻牛肉的全产业链损耗率依次是7.17%、8.68%、11.47%,3种产品在居民实际消费中的占比依次为13.00%、49.75%、37.25%,按此加权计算,我国牛肉全产业链综合损耗率为9.55%。

4. 羊肉

从全产业链不同环节看,中国羊肉全环节损耗率为7.45%。其中预冷排酸的损耗是1.07%,分割的损耗是1.36%,冷冻储藏的损耗是0.92%,运输的损耗是0.83%,零售的损耗是3.27%。其中零售的损耗占比最高,占总损耗的43.89%。运输这一环节的损耗所占比例最低,为总损耗的11.14%。热鲜羊肉、冷鲜羊肉和冷冻羊肉的全产业链损耗率依次是4.63%、6.53%、7.45%，3种产品在居民实际消费中的占比依次为13.00%、49.75%、37.25%，按此加权计算，我国羊肉全产业链综合损耗率为5.94%。

不同品种肉类各环节损耗率、全产业链综合损耗率见表2-3、表2-4。

表2-3 不同品种肉类各环节损耗率

产品		预冷排酸	分割	冷冻贮藏	运输	零售	合计
猪肉		1.44%	0.99%	3.98%	0.24%	1.46%	8.11%
禽肉	白羽鸡	2.00%	1.25%	5.80%	0.58%	3.17%	12.80%
	黄羽鸡	2.00%	0	2.84%	0.58%	2.00%	7.42%
牛肉		1.51%	3.18%	2.79%	0.86%	3.13%	11.47%
羊肉		1.07%	1.36%	0.92%	0.83%	3.27%	7.45%

表2-4 不同品种肉类全产业链综合损耗率

产品	损耗率			消费占比			加权综合损耗率
	热鲜肉	冷鲜肉	冷冻肉	热鲜肉	冷鲜肉	冷冻肉	
猪肉	2.69%	4.12%	8.10%	14.00%	63.67%	22.33%	4.36%
禽肉	—	6.31%	11.22%	—	44.83%	55.17%	9.30%
牛肉	7.17%	8.68%	11.47%	13.00%	49.75%	37.25%	9.55%
羊肉	4.63%	6.53%	7.45%	13.00%	49.75%	37.25%	5.94%

（二）可食比例情况

1. 猪肉

调研数据显示，我国猪肉胴体可食率为78.48%，即胴体中骨头、不可食用部分（包括甲状腺、淋巴及肥油等部位）约占胴体的21.52%，可食用下水比例、可食用头蹄尾比例分别为6.25%、5.55%，整体可食率为90.29%。全国平均每头生猪整体可食重量为70.3公斤，其中胴体中可食用部分为61.1公斤，头蹄尾中可食用部分为4.3公斤，下水中可食用部分为4.9公斤。

2. 禽肉

白羽肉鸡胴体可食率、整体可食率分别为70.41%、78.99%，按平均每只白羽鸡活重2.5公斤、出膛率69.12%计，白羽肉鸡可食用部分重量为1.36公斤，其中胴体中可食用部分重量为1.22公斤，可食头爪尾为0.04公斤，可食下水为0.1公斤。黄羽肉鸡胴体可食率、整体可食率分别为64.20%、78.74%，按平均每只黄羽鸡活重2.3公斤、出膛率66.02%计，平均每只黄羽肉鸡可食用部分重量为1.20公斤，其中胴体中可食用部分重量为0.97公斤，可食下水重量在0.2公斤左右，可食头爪尾为0.03公斤。按现有产量比重加权计算，我国平均肉鸡胴体可食率、整体可食率分别为68.55%、78.91%，按平均每只肉鸡活重2.44公斤、出膛率68.19%计，平均每只肉鸡可食用部分重量为1.31公斤，其中胴体中可食用部分重量为1.14公斤，可食下水重量为0.12公斤，可食头爪尾重量为0.05公斤。

3. 牛肉

调研数据显示，我国牛肉胴体可食率为81.26%，胴体中骨头、不可食用部分分别占胴体的16.49%、2.25%，可食用下水比例为8.51%、可食用头蹄尾比例为5.07%，整体可食率为94.84%。六个地区平均每头肉牛可食重量为285.00公斤，其中胴体中可食用部分为244.20公斤，头蹄尾中可食用部分为15.25公斤，下水中可食用部分为25.56公斤。

4. 羊肉

肉羊可食用部分包括羊肉胴体所含纯肉、可食用下水和可食用头蹄尾三部分。本次调研数据显示，我国肉羊胴体可食率为73.72%，胴体中骨头及不可食用部分占胴体的26.27%，可食用下水比例为16.02%、可食用头蹄尾比例为6.71%，整体可食率为96.46%。全国平均每只肉羊可食重量为19.6公斤，其中胴体中可食用部分为15.00公斤，头蹄尾中可食用部分为1.36公斤，下水中可食用部分为3.25公斤。

不同品种肉类可食用情况见表2-5。

表2-5 不同品种肉类可食用情况

品种		骨头占胴体比	不可食用部分占胴体比	可食下水比例	可食头蹄尾比例	胴体可食率	整体可食率
猪肉		18.53%	2.99%	6.25%	5.55%	78.48%	90.29%
禽肉	白羽鸡	30.46%	2.21%	5.57%	3.01%	70.41%	78.99%
	黄羽鸡	36.15%	2.43%	11.55%	2.99%	64.20%	78.74%
牛肉		16.49%	2.25%	8.51%	5.07%	81.26%	94.84%
羊肉		23.09%	3.18%	16.02%	6.71%	73.72%	96.46%

四、讨论

（一）损耗

从全环节损耗结果看，冷冻储藏环节的损耗占综合损耗的比例最大。冷冻肉在解冻的过程中，由于水解蛋白、细胞内水分及营养成分的流失，会引起相应比例的损耗。猪肉、禽肉、牛肉和羊肉的平均冷冻储藏损耗分别占综合损耗率的49.14%、43.76%、24.32%、12.35%。以水分蒸发形式产生的自然损耗为综合损耗的第二原因，贯穿全产业链的所有环节：首先是预冷排酸环节，预冷排酸主要是用冷风机等制冷设备将猪肉二分体用24至36小时不等的时间冷却到0℃～4℃，在此过程中，猪肉表面的水分会随着冷风流失；其次在分割环节，分割后暴露在空气中的肉品切面也会发生不同程度的水分流失。从调研数据看，猪牛羊禽四类产品预冷排酸环节损耗占综合损耗的比例为13%~18%，整体数值波动幅度不大。分割环节的损耗主要表现为分割落地碎肉的损耗，但企业为了控制成本，落地碎肉的量与企业每日分割量相比微乎其微。零售环节的损耗主要以变质丢弃和失重为主，商超和农贸市场在零售终端由于未能将进货的肉品全部卖完，导致一部分肉品变质或因时间过长无法再继续销售，进而产生肉品损耗。调研数据显示，零售环节的损耗占综合损耗的比例较高，其中羊肉占比最高达43.89%，猪肉最低，占18.02%，禽肉和牛肉占25.00%~27.00%。此外，肉品从分割屠宰场地运输至批发商，以及批发商运输至零售终端过程中也由于水分蒸发、伤肉等原因存在一定程度的损耗，该损耗占综合损耗比例较低，除羊肉外，整体占比不足10%。

从肉类形态看，冷冻肉、冷鲜肉和热鲜肉由于从生产到销售经历的环节不同，损耗差异很大。其中冷冻肉的损耗最高，猪牛羊禽4种冷冻肉品的损耗分别是8.10%、11.47%、7.45%、11.22%，冷鲜肉的损耗分别是4.12%、8.68%、6.53%、6.31%。猪肉、牛肉、羊肉热鲜肉的损耗分别是2.69%、7.17%、4.63%。按照不同肉类的市场流通比例加权计算可知，我国猪牛羊禽综合损耗率不超过10%，其中猪肉最低，不足5%，禽肉和牛肉接近10%，羊肉约为6%。

（二）肉类可食用情况

在不考虑头蹄尾及下水中的可食用部分的情况下，与美国、日本相比，中国禽肉胴体可食率基本一致，猪肉、牛肉、羊肉胴体可食率明显偏高，其中牛肉、羊肉的可食率高于美国、日本的30%左右，猪肉整体可食率高于美国的17.39%、高于日本的27.29%。这主要有两个方面的原因：一是比较而言，中国居民吃的肥肉比较多，所以在分割环节除了纯油脂部分，其他部位的肥肉都被保留下来；二是日本、美国市场上流通的多为精修后的产品，在加工环节往往会产生大量的废弃肉。中国、日本及美国不同品种肉类的可食比重见表2-6。

表2-6　中国、日本及美国不同品种肉类可食比重

产品	中国胴体可食率	中国整体可食率	日本胴体可食率	美国胴体可食率
猪肉	78.48%	90.29%	63%	72.9%
禽肉	68.55%	78.91%	71%	70.0%
牛肉	81.26%	94.84%	63%	66.9%
羊肉	73.72%	96.46%	/	65.8%

数据来源：中国数据为课题组调研测算数据，日本数据来自日本农林水产省发布的食物平衡表，美国数据来自美国农业部经济研究所发布的人均食物供给量数据表

五、结论

当前我国肉类损耗的主要原因是中小规模企业加工分割技术水平相对较低,批发和零售环节冷藏设备的不到位,冷冻肉以及国内很多地区居民依然偏爱热鲜肉。未来应该针对损耗的主要症结,以提高中小规模企业肉类加工分割技术水平、销售终端配备冷藏设备、培育冷藏肉市场等多途径为抓手,建立肉类减损机制。在现有基础上进一步降低肉类损耗率,提高肉类的消费利用程度。同时建立国家全产业链损耗与可食数据采集和数据库,持续跟踪主要农产品损耗,减少食物损耗,提高主要农产品利用水平,减少食物营养流失,实现农业的可持续发展。从长远看,随着冷鲜肉消费比重的增加,屠宰分割环节技术水平的提升,以及冷藏和储运设施设备的完善,我国肉类全产业链减损降耗依然具有较大的提升空间。

引用和参考文献

[1] FAO, "Global food lossesand food waste: extent, causes and prevention", 2011.

[2] Quested T.E. et al., "Food and drink waste from households in the UK", *Nutrition Bulletin*, 2011, 36(4).

[3] FAO, "Value chain development and post-harvestloss reduction for smallholder farmers FAO Regional Conference for Asia and the Pacific", 2012.

[4] United Nations Environment Programme, "Avoiding Future Famines: Strengthening the Ecological Basis of Food Security through Sustainable Food Systems", 2012.

[5] Parfitt J. et al., "Food waste within food supply chains: Quantification and potential for change to 2050", *Philosophical Transactions of the Royal Society B-Biological Sciences*, 2010, 365(1554).

[6] Hodges R. J. et al., "Postharvest losses and waste in developed and less developed countries: Opportunities to improve resource use", *Journal of Agricultural Science*, 2011, 1491.

[7] Liu G. et al., "Curb China's rising food wastage", *Nature*, 2013, 498(7453).

[8] Liu J. et al., "Food losses and waste in China and their implication for water and land", *Environmental Science & Technology: ES&T*, 2013, 47(18).

[9] Cuellar A.D. and Webber M.E., "Wasted food, wasted energy: The embedded energy in food waste in the United States", *Environmental Science & Technology: ES&T*, 2010, 44(16).

[10] Seminar K.B., "Food chain transparency for food loss and waste surveillance", *Journal of Developments in Sustainable Agriculture*, 2016, 11(1).

[11] Bagherzadeh M. et al., "Food waste along the food chain", *OECD Food, Agriculture and Fisheries Working Papers*, 2014(71).

[12] Beretta C. et al., "Quantifying food losses and the potential for reduction in Switzerland", *Waste Management*, 2013, 33(3).

[13] Buzby J.C. and Hyman J., "Total and per capita value of food loss inthe United States", *Food Policy*, 2012, 37(5).

[14] Searchinger T. et al., "Creating a sustainable food future. A menu of solutions to sustainably feed more than 9 billion people by 2050", *World resources report 2013-14: interim findings. World Resources Institute*, 2015.

[15] Stewart H. and Yen S.T., "Changing household characteristics and the away-from-home food market: A censored equation system approach", *Food Policy*, 2004, 29.

[16] Benyam T. et al., "Assessment of post harvest loss along potato value chain: the case of Sheka Zone, southwest Ethiopia", *Agriculture and Food Security*, 2018, 7(1).

[17] 一凡:《我国农产品批发市场流通环节损失率过高》,《现代物流报》2006年8月17日。

[18] 张丹等:《城市餐饮业食物浪费碳足迹——以北京市为例》,《生态学报》2016年第18期。

[19] 王禹:《中国食物浪费成因与对策建议》,《农业展望》2014年第6期。

[20] 董彩霞:《丹麦食物浪费减少了25%》,《世界环境》2016年第5期。

[21] 张盼盼等:《旅游城市餐饮消费者食物浪费行为研究》,

《资源科学》2018年第6期。

[22] 许世卫：《中国食物消费与浪费分析》，《中国食物与营养》2005年第11期。

[23] 陈军、但斌：《生鲜农产品的流通损耗问题及控制对策》，《管理现代化》2008年第4期。

[24] 项朝阳：《我国蔬菜生产成本收益波动研究》，《长江蔬菜》2012年第21期。

[25] 夏敬源等：《减少粮食损耗与浪费势在必行》，《世界农业》2013年第9期。

[26] 刘彬、王书军：《国外降低生鲜蔬菜物流损耗经验及其对我国的启示》，《对外经贸实务》2015年第2期。

[27] 李崇光等：《蔬菜流通不同模式及其价格形成的比较——山东寿光至北京的蔬菜流通跟踪考察》，《中国农村经济》2015年第8期。

[28] 王灵恩等：《中国食物浪费研究的理论与方法探析》，《自然资源学报》2015年第5期。

[29] 高利伟等：《食物损失和浪费研究综述及展望》，《自然资源学报》2015年第3期。

[30] 成升魁等：《笔谈：食物浪费》，《自然资源学报》2017年第4期。

第三章

我国水产品全产业链损耗研究[①]

孙慧武　程广燕　王宇光　朱雪梅
赵明军（通讯作者）

摘要： 不论捕捞水产品，还是养殖水产品，在起捕形成以生鲜品（藻类除外）为计重方式的统计产量后，均需要沿某些非特定的产业链条到达消费者餐桌。而动物性水产品是易腐食物，在沿产业链的转移过程中会产生不同程度的损耗/损失（如腐败丢弃、水分蒸发和干耗等）。我国水产品的特点是生产方式差异性大、养殖产量占比大（75%以上），有鱼、虾、蟹、贝、藻等品类之分，每一品类（甚至品种）的产业链条均有所不同，都有不同的加工处理方式或流通消费途径，极其复杂。此外，食用水产品有鲜活品、冷冻品、冷冻加工品和其他各类加工品之分，因生产方式及品类/品种不同，每类（种）水产品的产业环节及损耗存在比较大的差异。水产品产业链损耗是一个不可忽视的问题，但我

---

① 基于本研究形成的论文发表于《淡水渔业》2021年第1期，题目为：《我国水产品全产业链损耗研究》。

国目前对此尚没有系统的研究成果。本章旨在通过调研水产品在流通、加工、批发和零售4个产业链环节上的损耗情况，为优化我国水产品产业链建设提供参考依据。

关键词：水产品，全产业链，损耗

一、基本概念与方法

（一）水产品全产业链

水产品全产业链应包括从生产到消费的全部环节，有捕捞和养殖生产、预处理、加工、贮藏、流通、零售和消费等若干环节。但就以国家统计产量为基础的产业链损耗而言，本章所指的水产品全产业链仅包括在水产动物起捕形成统计产量以后，至产品到达消费餐桌之间的所有产业环节，主要包括运输、贮藏、加工、流通和零售等环节。

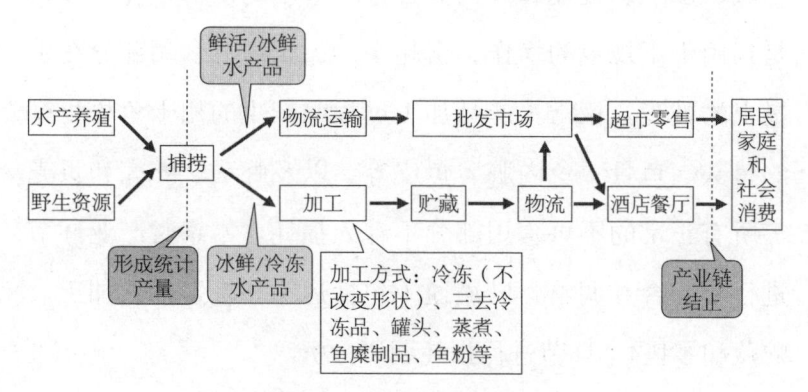

图3-1 水产品产业链示意

图3-1展示了水产品产业链的一般模式。无论是养殖水产品或捕捞水产品，从捕捞形成统计产量后，均会从两条基本消费渠道到达消费者，第一条是直接以活鱼活虾蟹（养殖产品）或冰鲜产品（捕捞和养殖产品）的方式从生产场所运输，经过批发市场（一级、二级）到达超市零售、酒店餐厅，部分家庭消费者也直接从批发市场购买水产品；第二条是对于需要加工的鱼虾（如养殖南美白对虾、罗非鱼等大部分捕捞水产品），则直接运输到水产品加工厂进行加工后再进入批发市场、超市和酒店餐厅等零售环节，最终到达消费者餐桌。

（二）水产品全产业链损耗

水产品全产业链损耗是指形成统计产量后，从运输、贮藏、加工、批发和零售等各个环节中的产品损耗。损耗是指由于不规范的操作，引起水产品正常可食用部分在重量上的减少。正常水产品加工过程中产生的用于鱼粉生产的鱼头、鱼骨、鱼内脏、鱼皮等，以及虾头、虾壳和贝壳等所有正常的不可食用部分不计入损耗。本章对产业环节进行相应合并调整，以流通（包括运输和批发）、加工、贮藏和零售4个环节进行损耗调研分析。

水产品品种有几百种以上，《中国渔业统计年鉴》中

第三章
我国水产品全产业链损耗研究

有统计产量的品种达110个，各品类/种的消费方式、渠道结构、损耗途径均有所不同，形成损耗的原因和现象也不相同。表3-1汇总了不同产品处理方式形成损耗的一些可能原因。

表3-1 水产品产业链主要环节的损耗原因分析

品种	流通	加工	贮藏	零售
鲜活/冰鲜品：指以鲜活或冰鲜销售方式销售的养殖产品和以鲜活冰鲜销售方式销售的捕捞产品。	1.运输车辆故障引起整车活鱼虾贝类死亡引起腐败损失； 2.活鱼虾蟹因缺氧、挤压致死或发生鳞摩擦损伤，会降低价值，但如腐败丢弃会形成损耗。用冰鲜方式，会降低价值，但如腐败丢弃会形成损耗； 3.活虾和活蟹死亡、腿脚断损，混杂在产品中的死亡虾蟹尸体等； 4.活贝中混杂的死壳、活贝吐沙、死亡等； 5.活体动物停食体重减轻引起损耗。	1.甲壳类的河蟹、青蟹等活体水产品需要进行捆扎，以及小龙虾需要分拣等，可能发生死亡，断腿、断脚等情况，从而引起损耗； 2.大型贝类如鲍鱼、牡蛎和扇贝的鲜活品需要进行清洗去污去杂，会引起比较大的损耗； 3.其余鲜活品种不涉及加工问题。	小龙虾、河蟹及龟鳖蛙类活品的生命期长，在流通过程中的存在死亡损耗的问题。其余品种不长时间存贮，因此不存在贮藏中损耗。	1.活鱼活体虾蟹贝等死亡，或可降价冰鲜销售，但如果腐败丢弃，则形成损耗； 2.活虾和活蟹腿脚断损，混杂在产品中的尸体等； 3.活贝中混杂的死壳、活贝吐沙、死亡等； 4.活体动物停食体重减轻引起损耗； 5.水鲜捕捞产品自洽期内的液汁损失； 6.体表失水（控水）的亏耗。
冷冻品：指未改变动物原形直接以整条冻结方式销售的产品。	此类产品除价值比较高的产品如大黄鱼、对虾等有包装外，一般用整盘冻结或散装方式。损耗如下：干耗；保存不当，温度变化造成包冰融化损失，或鱼虾腐败。	鱼虾整理过程中可能存在损伤、劣质原料、杂鱼杂物等引起损耗。	1.在冷链过程中由于干耗减重引起损耗； 2.除包装产品外，长时间贮藏，会引起油脂氧化酸败造成损耗。	主要发生于散装冷冻产品或整盘冷冻的水产品。会发生拆零损失，腐败，液汁流失等引起损耗。

第三章 我国水产品全产业链损耗研究

续表

品种	流通	加工	贮藏	零售
冷冻加工品：指改变动物体原形的加工品，如鱼片、虾仁等。	主要是散装产品的干耗、腐败损耗。偶发原因导致冷冻品融化失水或腐败。	冻鱼片、鱼块、鱼段、三去鱼等均属此类。指清洗、宰杀、蒸煮（如龙虾）、分割（如鱼片）和漂洗（如鱼糜）、鱼片修片等加工过程中，血液、汁液（如贝类蒸煮）、腹膜、脂肪、肌肉等损失。出肉率低于正常水平也属此情况。	主要是散装产品的干耗、腐败或冰衣损失。冷冻品的脂肪氧化或酸败。	主要是散装产品的干耗、腐败或冰衣损失。
其他类加工品：指干制和熏制等产品。	对于散装产品的霉变、虫蛀及水分耗散等。	1.扇贝、鲍鱼等干制加工过程中的采肉、漂洗和蒸煮过程中肉质、水分损耗、又干制过程的腐败； 2.鱼干制中去除混杂物质； 3.鳀鱼和草鱼的熏制加工中肌肉、脂肪和腹膜损失，以及可能的熏制腐败损失； 4.鱼片干加工中肌肉损失。	对于散装产品的霉变、虫蛀及水分耗散等；干制或熏制产品的脂肪氧化或酸败。	对于散装产品的霉变、虫蛀及水分耗散等。

061

（三）调研产品范围与调研方案

1. 水产品产量与研究范围

根据《中国渔业统计年鉴》对渔业统计指标的解释，水产品产量计量标准是"除海蜇按三矾后的成品计算、各种藻类按干品计量外，其余各种水产品均按捕捞起水时的鲜品实重（原始重量）计算"。

水产品涉及100多个品种，每品类/品种的生产、流通与消费方式不尽相同，各类产品的损耗方式与程度各不相同。本章主要对国内生产的鱼类、甲壳类、贝类和头足类4类海水与淡水养殖及海洋捕捞产品进行调研。2008—2019年度产量结构见表3-2。

2. 调研方案

调研方案设计的基本原则是能够准确涵盖和刻画我国典型和代表性水产品的全产业链条损耗。基于上述原则，本次调研所选择的对象均为各类生产方式中产量位居前列、产业规模较大、市场发育较成熟的水产品品种。考虑到该类水产品所具备的典型性和代表性特征，以省域主产地（兼顾主销区）为调研范围，设计了如下调研方案（见表3-3）。调研方案的设计遵循如下要求：

第一，按照生产方式的差异，将水产品损耗按照海水养殖、海洋捕捞、淡水养殖3类进行调研方案设计。

第三章 我国水产品全产业链损耗研究

表3-2　2008—2019年水产品年度产量与年均产量结构分析

总计/品类产量	年均产量（万吨）	2008年	2009年	2010年	2011年	2012年	2013年	2014年	2015年	2016年	2017年	2018年	2019年
年度水产品总产量	5850.8	4895.6	5116.0	5373.0	5603.2	5502.1	5744.2	6001.9	6211.0	6379.5	6445.3	6457.7	6480.4
本章所涉总产量	5273.7	4269.7	4489.6	4705.9	4947.2	5215.9	5457.5	5672.9	5882.0	5624.5	5655.5	5669.9	5694.5
占总产量比例	90.14%	87.21%	87.76%	87.58%	88.29%	94.80%	95.01%	94.52%	94.70%	88.16%	87.75%	87.80%	87.87%
水产养殖	4179.0	3221.7	3419.3	3610.2	3804.5	4049.4	4290.8	4484.9	4663.9	4520.6	4621.0	4698.7	4762.9
海水养殖	1515.4	1177.0	1231.5	1295.2	1363.5	1436.2	1519.2	1578.9	1632.6	1670.7	1742.2	1763.7	1773.9
其中：鱼类	114.7	74.8	76.8	80.8	96.4	102.8	112.4	119.0	130.8	130.9	141.9	149.5	160.6
甲壳类	134.9	94.2	101.7	106.1	112.7	125.0	134.0	143.4	143.5	150.4	163.1	170.3	174.4
贝类	1265.8	1008.1	1053.1	1108.2	1154.4	1208.4	1272.8	1316.6	1358.4	1389.4	1437.1	1443.9	1439.0
淡水养殖	2663.6	2044.7	2187.8	2315.1	2441.0	2613.2	2771.6	2906.0	3031.2	2849.9	2878.8	2935.0	2988.9
其中：鱼类	2362.6	1836.9	1957.3	2064.2	2185.4	2334.1	2481.7	2603.0	2715.0	2540.1	2541.0	2544.3	2548.0
甲壳类	258.2	177.2	196.1	213.8	216.4	234.3	242.9	256.0	269.1	263.7	291.9	343.8	393.1
特种水产	42.8	30.6	34.5	37.1	39.2	44.8	46.9	47.1	47.2	46.0	46.0	46.9	47.9
海洋捕捞	1094.8	1048.0	1070.3	1095.7	1142.7	1166.5	1166.7	1188.0	1218.1	1103.9	1034.5	971.2	931.6
其中：鱼类	816.8	789.6	804.0	825.5	864.0	875.9	871.8	880.8	905.4	820.9	765.2	716.2	682.9
甲壳类	213.1	194.6	201.9	204.3	209.1	220.7	228.6	239.6	242.8	218.2	207.6	197.9	191.8
头足类	64.8	63.8	64.3	65.8	69.5	69.9	66.4	67.7	70.0	64.8	61.7	57.0	56.9

注：所有产量数据引自《中国渔业统计年鉴》（2009—2020）

表3-3 调研方案

调研品类/品种			企业数量与分布	流通	加工	存储	零售
海水养殖	鱼	鲈鱼	广东、福建：养殖企业（户）40	8	8	8	按大、中、小城市，各选2个城市，每个城市选2家超市，对水产品零售环节的损失进行统一调研。
		大黄鱼	福建、浙江：养殖企业（户）40				
	虾蟹	南美白对虾	广西、广东：养殖企业（户）40	8	8	8	
	贝类	牡蛎	福建、山东：养殖企业（户）40	8	8	8	
		蛤	福建、山东：养殖企业（户）40				
	藻类	海带	山东、福建：养殖企业（户）40	8	8	8	
		紫菜	江苏、浙江：养殖企业（户）40				
海洋捕捞	鱼类、甲壳类等按类		福建、浙江、山东、辽宁：捕捞企业（户）约80	16	16	16	
淡水养殖	鱼类	大宗淡水鱼（青草鲢鳙）	湖北、江西：养殖企业（户）40	8	8	8	
		罗非鱼	海南、广东：养殖企业（户）40	8	8	8	
	甲壳类	小龙虾	湖北、湖南：养殖企业（户）40	8	8	8	
		河蟹	江苏、湖北：养殖企业（户）40	8	8	8	
	其他类	龟、鳖	江苏、浙江：养殖企业（户）40	8	8	8	
		蛙	江西、安徽：养殖企业（户）40	8	8	8	

注：本报告未对藻类产业链损耗进行分析

第三章
我国水产品全产业链损耗研究

海水养殖部分，将海水养殖细化为鱼、虾、贝3个品类。以产量为基本依据，海水养殖鱼类选取《中国渔业统计年鉴》中前两大品种——大黄鱼、鲈鱼，虾蟹类选取产量第一的南美白对虾，贝类选取产量前两大品种——牡蛎、蛤。根据海水养殖各省份的产量，选取相对应的主产区（兼顾主销区）进行调研。每一细分品种分别对40家养殖企业、8家流通企业、8家加工企业、8家存储企业进行调研问卷发放。

海洋捕捞部分，由于海水捕捞作业形式的限制，在进行海水捕捞水产品的损耗调研时，无法直接区分品类。因此，在设计调研方案时，主要针对各大类产业链企业进行相应的调研，根据收回的调研问卷再进行品种细化的整理。考虑到海水捕捞的样本复杂性和充足性，对80家海水捕捞企业、16家流通企业、16家加工企业、16家存储企业进行调研问卷发放。

淡水养殖部分，将淡水养殖细化为鱼、虾、其他品种3个品类。以产量为基本依据，淡水养殖鱼类选取《中国渔业统计年鉴》中产量排名靠前的主要品种——大宗淡水鱼（青草鲢鳙）和罗非鱼，虾蟹类选取产量第一的克氏原螯虾（小龙虾）和河蟹，其他类选取龟、鳖、蛙特色品种。根据淡水养殖各省份的产量，选取相对应的主产区（兼顾主销区）进行调研。每一细分品种分别对40家养殖企业、8家流通企业、8家加工企业、8家存储企业进行调研问卷发放。

第二，关于零售环节的水产品损耗调研，聚焦在主产区的省份，按照海水养殖、海洋捕捞、淡水养殖的划分方法，各选2个城市中的2家超市进行零售环节的调研问卷发放。

第三，由于所调研的企业主营业务涵盖产业链多个环节，一个企业往往会出现涉及生产、流通、加工、存储和零售多个产业链环节。在理论上调研样本量会比表3-3所列的样本数偏小。

（四）基础数据选择与处理

由于渔业从业者数量多、规模均比较小，而产品类别/品种多、产业链标准化程度低，调研回收的数据差异性大，因此，本章采取企业调研与专家咨询相结合的方法，根据专家意见对偏离正常范围的调研数据进行了适当的调整或剔除。

水产品是由鱼虾蟹贝等10多个品类和100多个品种构成的一类产品，单一鱼虾品种的损耗率可以通过调研获得，而水产品及各品类的产业链损耗率是基于某一年度或一定年度范围内水产品品类和品种产量结构的计算值。因此，水产品产业链损耗率及各品类的损耗率不可能是一个固定不变的数据，会因年度品类/品种产量结构变动而有所不同。为尽量降低这种变动的影响，提高损耗率计算值的可靠性，本章以2008—2019年共计12年的平均产量（见表3-2）为基数进行损耗率测算，并对年损耗率进行比较分析。

本章所涉及的水产品包括海水养殖类水产品（鱼类、甲壳类和贝类）、淡水养殖类水产品（鱼类、甲壳类和特种水产品）和海洋捕捞类水产（鱼类、甲壳类和头足类）等主要动物性水产品。根据表3-2，上述三大类水产品年均总产量为5273.7万吨，占我国水产品年均总产量的90.14%。

（五）损耗量与损耗率测算方法

1. 单一品种的损耗率与损耗量

第一步，对调研数据（损耗率）分别以流通、加工、贮藏和零售为类别按调研标本数量进行平均计算（对于偏离正常值的数据进行剔除），获得各产业环节的损耗率（FLR，Fishery Loss Rate）。

第二步，合计计算损耗率。

对于只有单一流通消费方式的品种：

$$FLR_{总计}=FLR_{流通}+FLR_{加工}+FLR_{贮藏}+FLR_{零售}$$

对于有两种流通消费方式的品种，按每一种流通消费方式的总计损耗量，然后用该流通消费方式所占的比例进行加权合计。

第三步，计算单一品种的损耗量（FLQ，Fishery Loss Quantity）。

$FLQ_n = P_n \times FLR_n$

FLQ_n为第n个品种的损耗量，FLR_n为第n个品种的损耗率，P_n为第n个产品的生产量。

2. 单一品类的损耗率与损耗量及产业链损耗分布

本章按海水养殖产品（包括鱼类、甲壳类和贝类3个品类）、淡水养殖类产品（包括鱼类、甲壳类和物种水产类3个品类）、海洋捕捞产品（包括鱼类、甲壳类和头足类3类）3个大类及9个品类分别估算产业链总损耗量（率）和各产业环节加权平均损耗量（率）。计算方法如下：

第m品类产品总损耗量计算：

$FLQ_m = \Sigma[P_{mn} \times FLR_n](n=1,r)$

第m品类产品平均损耗率计算：

$FLR_m = FLQ_m / \Sigma P_{mn}(n=1,r)$

其中r为该品类中产品总数量，P_{mn}为第m类第n个产品的产量。

各产业环节损耗量和损耗率核算：

第m品类产品第i环节的总损耗量计算：

$FLQ_{mi}=\Sigma P_n \times FLR_{ni}(n=1,r)$

校核公式：

$FLQ_m=\Sigma FLQ_{mi}$，$i=$（流通、加工、贮藏、零售）

第m品类产品第i产业环节的损耗率计算：

$FLR_{mi}= FLQ_{mi}/\Sigma P_{mn}(n=1,r)$

校核公式：

$FLR_m=\Sigma FLR_{mi}$，$i=$（流通、加工、贮藏、零售）

3. 水产品总损耗量与损耗率及产业链损耗分布

按单一品类损耗率和损耗量相同的核算方法，对水产品总损耗量和损耗率进行核算。

第m大类产品损耗量计算：

$FLQ_t=\Sigma P_n \times FLR_n(n=1,9)$

第m大类产品损耗率计算：

$FLR_t=FLQ_t/\Sigma P_n(n=1,9)$

其中：t为总计，P_n为第n品类产品的总产量。

各产业环节损耗量和损耗率核算：

第m大类产品第i环节的总损耗量计算：

$FLQ_{mi}=\Sigma P_n \times FLR_{ni}(n=1,r)$

第m大类产品第i产业环节的损耗率计算：

$FLR_{mi}= FLQ_{mi}/\Sigma P_{mn}(n=1,r)$

二、海水养殖产品产业链损耗估算

（一）海水养殖鱼类

1. 基本情况

海水养殖鱼类以高价值鱼类为主，列入国家统计产量的共有10种（类）。2008—2019年平均生产量增长率为7.20%，平均产量为114.7万吨，占平均水产品总产量的比例为1.96%，占平均养殖水产品产量的2.75%。

海水养殖鱼类的销售一般有鲜活和冷冻品两种方式，鲆鲽类和石斑鱼等基本以鲜活和冰鲜消费为主；而大黄鱼和鲈鱼等以冷冻品为主。对于鲜活销售的鱼类，一般只有流通（长途运输和批发）和零售（超市和酒店）两个环节，损耗由死亡腐败和体重减耗两个方面形成，在流通销售过程中的死亡鱼类，除非腐败不能食用，一般改用冰鲜方式销售，损耗较低，但销售价格会有很大的不同。对于以冷冻方式销售的鱼类，存在加工、贮藏、流通和零售4类环节，损耗量可能由于加工方式及贮存时间不同而有很大不同。

2. 产业链损耗调查情况

对28个养殖加工企业进行调研，对大菱鲆、海鲈、大黄鱼、石斑鱼和金鲳5种鱼类产业链损耗调查数据见表3-4，这5种鱼基本可以代表海水养殖鱼类的产业链损失情况。根据产业实际情况，大菱鲆100%以鲜活或冰鲜销售，石斑鱼70%以鲜活或30%以冰鲜销售，而海鲈和大黄鱼100%以冷冻品（整条鱼）销售。

表3-4　海水鱼类产业链损耗调研数据

品种	终产品形态	流通	加工	贮藏	零售	合计
大菱鲆	鲜活/冰鲜	1.00%	—		2.00%	3.00%
石斑鱼	鲜活/冰鲜	1.00%	—		2.00%	3.00%
鲜活鱼类平均	—	1.00%			2.00%	3.00%
大黄鱼	冷冻品	0.67%	2.50%	0.63%	1.75%	5.55%
海鲈鱼	冷冻品	1.96%	2.57%	1.83%	1.50%	7.87%
金鲳（蓝圆鲹）	冷冻品	0.30%	1.00%	0.50%	0.50%	2.30%
冷冻品平均	—	0.98%	2.02%	0.99%	1.25%	5.24%

3. 海水养殖鱼类全产业链损耗估算

以鱼类品种产业链相似性为基本原则，根据表3-4损耗调研统计数据，按鲜活/冰鲜和冷冻品两种产品形式对所有海水养殖鱼类分类进行产业链损耗测算（见表3-5），其中鲜活/冰鲜的损耗率以3.00%为基准，冷冻品损耗率以5.24%为基准。

我国2008—2019年海水养殖鱼类平均产量为114.72万

吨，测算损耗总量为4.12万吨，平均损耗率为3.59%。对损耗率和损耗量分解测算（见表3-5），流通环节损耗率为0.99%，计1.14万吨；加工环节为0.54%，计0.62万吨；贮藏环节为0.26%，计0.30万吨；零售环节为1.80%，计2.07万吨。

表3-5 海水养殖鱼类产业链损耗测算表

（单位：吨）

品种与合计	统计产量	终产品形态	损耗率	损耗量	备注
总计	1147199.2	—	3.59%	41226.4	损耗率=损耗量/统计产量
鲆鱼	108638.2	鲜活/冰鲜	3.00%	3259.1	取大菱鲆损耗值
鲽鱼	10096.7	鲜活/冰鲜	3.00%	302.9	取大菱鲆损耗值
军曹鱼	36499.4	鲜活/冰鲜	3.00%	1095.0	取大菱鲆损耗值
鲥鱼	21888.1	鲜活/冰鲜	3.00%	656.6	取大菱鲆损耗值
鲷鱼	63273.7	鲜活/冰鲜	3.00%	1898.2	取大菱鲆损耗值
美国红鱼	63212.7	鲜活/冰鲜	3.00%	1896.4	取大菱鲆损耗值
河豚	18343.3	加工后冰鲜或冷冻	5.24%	960.9	—
海鲈鱼	129845.8	冷冻品	5.24%	6802.0	—
大黄鱼	127966.4	冷冻品	5.24%	6703.6	—
石斑鱼	93588.5	鲜活70%	3.00%	1965.4	70%以鲜活销售
		冷冻品30%	5.24%	1470.8	30%以冷冻品销售
其他品种	473846.5	鲜活/冰鲜	3.00%	14215.4	—

（二）海水养殖甲壳类

1. 基本情况

我国海水养殖甲壳类主要包括南美白对虾、梭子蟹等6种，2008—2019年平均生产量增长率为5.76%，平均产量为134.9万吨，占平均水产品总产量比例为2.31%，占平均养殖水产品产量的3.23%。

2. 损耗调研情况

对10个养殖户（流通和零售商）进行了调研，调研品种主要有南美白对虾、日本对虾、梭子蟹和青蟹4种，数据处理结果见表3-6。除南美白对虾外，其余所有品种均以鲜活/冰鲜方式销售，南美白对虾鲜活/冰鲜销售占比为10%，而以冷冻品销售的占比为90%，鲜活对虾只有流通和销售两个环节，而冷冻品对虾需要加工、贮藏和零售3个环节，损耗率按加权平均计算。

表3-6 海水养殖甲壳类产业链损耗调研数据

品种	终产品形态	流通	加工	贮藏	零售	合计	备注
南美白对虾	鲜活10%	5.00%	—	1.75%	3.00%	9.75%	加权总计为6.21%
	冷冻品90%	0.68%	3.56%	0.78%	0.80%	5.82%	
日本对虾	鲜活/冰鲜	2.00%	—	—	3.50%	5.50%	—
梭子蟹	鲜活/冰鲜	3.00%	—	—	3.00%	6.00%	
青蟹	鲜活/冰鲜	1.00%	1.00%	—	2.00%	4.00%	捆扎加工

3. 海水养殖甲壳类全产业链损耗测算

按不同品种的统计产量及不同品种产业链的相似性，根据表3-6损耗调研数据，对所有甲壳类品种的产业链损耗进行测算，结果见表3-7。根据产业实际情况，中国对虾按20%鲜活和80%冷冻进行测算。

我国2008—2019年海水养殖甲壳类平均生产量为134.9万吨，测算损耗总量为7.93万吨，平均损耗率为5.88%。按全产业链对损耗率和损耗量进行分解测算（见表3-7），流通环节损耗量为1.92万吨，损耗率为1.43%；加工环节损耗量为2.94万吨，损耗率为2.18%；贮存环节损耗量为0.76万吨，损耗率为0.56%；零售环节损耗量为2.31万吨，损耗率为1.71%。

表3-7 海水养殖甲壳类产业链损耗测算表

（单位：吨）

品种与合计	统计产量	终产品形态	损耗率	损耗量	备注
总计产量	1348969.8	—	5.88%	79268.0	
虾类总计	1077620.2	—	6.10%	65707.5	—
南美白对虾	835669.7	鲜活冰鲜10%	9.75%	8147.8	
		冷冻品90%	5.82%	43772.4	—
斑节对虾	69340.8	鲜活/冰鲜	5.50%	3813.7	取日本对虾值

续表

品种与合计	统计产量	终产品形态	损耗率	损耗量	备注
中国对虾	43401.3	冷鲜/冰鲜20%	9.75%	846.3	取鲜活南美白对虾值
		冷冻品80%	5.82%	2020.8	取冷冻南美白对虾值
日本对虾	50591.4	鲜活	5.50%	2782.5	—
其他虾类	78616.9	鲜活/冰鲜	5.50%	4323.9	取日本对虾值
蟹类总计	271349.6	—	5.00%	13560.5	—
梭子蟹	106859.3	鲜活/冰鲜	6.00%	6411.6	—
青蟹	136022.9	鲜活/冰鲜	4.00%	5440.9	—
其他蟹类	28467.4	鲜活/冰鲜	6.00%	1708.0	取梭子蟹值

（三）海水养殖贝类

1. 基本情况

海水养殖贝类主要品种有牡蛎、蛤和扇贝等，纳入国家统计产量范畴的品种有9个，是我国海水养殖水产品的重要组成部分。2008—2019年，海水养殖贝类平均生产量增长率为3.29%，平均年产量为1265.8万吨，占平均水产品总产量的比例为21.63%，占养殖水产品平均产量的30.29%，占海水养殖平均产量的85.53%。

表3-8 海水养殖贝类产业链损耗调研数据

品种	终产品形态	流通	加工	贮藏	零售	合计
牡蛎	冷鲜20%	3.17%	7.00%	2.00%	3.00%	15.17%
	冷冻加工品80%	0.50%	10.00%	0.50%	0.50%	11.50%
扇贝	冷鲜10%	6.00%	8.00%	3.00%	2.00%	19.00%
	加工品90%	2.75%	6.25%	1.38%	0.63%	11.01%
蛤	鲜活/加工	3.50%	8.00%	1.83%	2.83%	16.16%
蛏	鲜活/加工	4.50%	8.00%	0.50%	0.50%	13.50%
蚶	冻煮	4.50%	8.00%	0.50%	0.50%	13.50%
贻贝	冻煮/冻煮肉	4.00%	8.00%	0.50%	0.50%	13.00%
江珧	冷冻柱	4.50%	6.00%	0.50%	0.50%	11.50%

2. 损耗调研情况

调研牡蛎、扇贝、蛤、蛏、蚶、贻贝和江珧7个品种的流通、加工和零售等环节，数据处理结果见表3-8，对于牡蛎、扇贝等具有两种产品销售方式的种类，根据比例对产业链总损耗进行加权合计。特别说明的是，贝类产业链各环节的损耗包括收获形成产量的死亡空壳、泥沙杂质；加工蒸煮过程中的汁液流失、采肉不净（正常去掉的贝壳、裙边等不计损耗）；鲜活贝类流通和销售中活体死亡、空壳和泥沙杂质；等等。

3. 海水养殖贝类全产业链损耗测算

根据国家统计产量及表3-8的损耗率对贝类产业链损耗进行测算，对于未调查品种的损耗率，按产业链、终产品形态及消费方式相似的原则取值。根据产业实际，鲍按20%鲜活及80%干制加工的比例核算，贻贝按20%冷鲜及80%冷冻加工品的比例进行核算。测算结果见表3-9。

2008—2019年，我国海水养殖贝类年均产量为1265.78万吨，核算年均损耗总量为175.33万吨，平均损耗率为13.85%。按全产业链对损耗量和损耗率进行分解测算（见表3-9），流通环节损耗量为31.78万吨，损耗率为2.51%；加工环节损耗量为105.98万吨，损耗率为8.37%；贮藏环节损耗量为16.41万吨，损耗率为1.30%；零售环节损耗量为21.17万吨，损耗率为1.67%。

表3-9 2008—2019年海水养殖贝类产业链损耗测算表

（单位：吨）

品种与合计	统计产量	终产品形态	损耗率	损耗量	备注
贝类总计	12657752.42	—	13.85%	1753293.43	—
牡蛎	4271283.17	冷鲜20%	15.17%	129562.26	—
		冷冻加工品80%	11.50%	392958.05	
鲍	106652.83	鲜活20%	19.00%	4052.81	取扇贝的损耗率
		加工品80%	11.00%	9385.45	

续表

品种与合计	统计产量	终产品形态	损耗率	损耗量	备注
螺	226439.42	冷鲜	16.17%	36607.71	取蛤的损耗率
蚶	330843.83	鲜活	13.50%	44663.92	
贻贝	771114.75	冷鲜20%	15.17%	23390.48	取牡蛎冷鲜品损耗率
		冻煮/冻煮肉80%	13.00%	80195.93	—
江珧	18121.75	冷鲜	11.50%	2084.00	取蛤的损耗率
扇贝	1599472.58	冷鲜10%	19.00%	30389.98	—
		干制加工品90%	11.00%	158347.79	—
蛤	3776244.25	鲜活	16.17%	610492.82	—
蛏	774243.58	鲜活	13.50%	104522.88	—
其他品种	783336.25	鲜活	16.17%	126639.36	取蛤的损耗率

（四）海水养殖类水产品全产业链损耗分析小结

海水养殖业是我国渔业的重要分支，2008—2019年平均生产量增长率为7.20%，年平均产量为1515.4万吨，占我国水产品年均总产量的比例为25.90%，占养殖水产品年均产量的36.26%。对海水养殖产品种类及各品类按产业环节分解测算，全产业链损耗分布情况见表3-10。

按汇总核算结果，海水养殖产品年度总平均损耗率为12.37%，年总损耗量为187.38万吨，其中加工环节损耗量为109.53万吨，损耗率为7.23%；流通环节损耗量为34.84万吨，损耗率为2.30%；零售环节损耗量为25.54万吨，损耗率为1.69%；贮藏环节损耗量为17.47万吨，损耗率为1.15%。

对海水养殖产品的三个品类损耗情况进行比较，就损耗总量而言，贝类损耗量占了绝对第一的位置，占总损耗量的比例为93.57%（年均总损耗量为175.33万吨），而甲壳类和鱼类分别仅占4.23%（年均总损耗量为7.93万吨）和2.20%（年均总损耗量为4.12万吨）。形成这种情况的原因，一是贝类产量占比大；二是贝类自身的损耗率比较高。这也是拉高海水养殖产品损耗率的重要原因。

表3–10 海水养殖类水产品损耗分布

（单位：万吨）

品类	总产量	平均损耗率	总损耗量	流通环节损耗率	流通环节损耗量	加工环节损耗率	加工环节损耗量	贮藏环节损耗率	贮藏环节损耗量	零售环节损耗率	零售环节损耗量
总计	1515.39	12.37%	187.38	2.30%	34.84	7.23%	109.53	1.15%	17.47	1.69%	25.54
鱼类	114.72	3.59%	4.12	0.99%	1.14	0.54%	0.62	0.26%	0.30	1.80%	2.07
甲壳类	134.90	5.88%	7.93	1.43%	1.92	2.18%	2.94	0.56%	0.76	1.71%	2.31
贝类	1265.78	13.85%	175.33	2.51%	31.78	8.37%	105.98	1.30%	16.41	1.67%	21.17

三、淡水养殖产品产业链损耗

(一) 淡水养殖鱼类

1. 基本情况

淡水养殖鱼类是我国水产品的主导性品类，品种多达几十种，但有一定产量规模并列入《中国渔业统计年鉴》的鱼类共有25种，其中草鱼、鲢鱼、鳙鱼、鲤鱼、鲫鱼和罗非鱼6种百万吨以上产量的鱼总产量占养殖淡水鱼类总产量的75%以上。2008—2019年淡水养殖鱼类平均产量增长率为3.02%，平均产量为2362.6万吨，占平均水产品总产量的比例为40.38%，占平均养殖水产品产量的56.53%。我国居民喜欢消费鲜活鱼类，因此，以鲜活销售的淡水养殖鱼类产量占总产量的80%左右，以加工方式销售的产量只占20%左右。

2. 损耗调研情况

调研罗非鱼、草鱼、鳙鱼和鲢鱼4种淡水鱼的产业链损耗数据处理结果见表3-11。根据销售方式/消费方式将淡水养殖鱼类分为两类，一是全部鲜销的鱼类，经过流通和零售两个环节，按实际损耗计算损耗率；二是为部分鲜销/部分加工的鱼类，加工部分需要经过流通、加工、贮藏和零售4个环节，总损耗率按鲜销和加工两部分的比例加权计算。

表3-11　淡水养殖鱼类产业链损耗调研数据

鱼类品种	终产品形态	流通	加工	贮藏	零售	加权合计
罗非鱼	鲜活10%	2.00%	—	—	3.00%	5.00%
	冷冻鱼片90%	0.75%	3.63%	1.07%	1.15%	6.60%
草鱼	鲜活95%	2.15%	—	—	2.70%	4.85%
	加工5%	0.50%	8.00%	0.50%	—	9.00%
鲢鱼	100%鲜活	3.02%	—	—	2.80%	5.82%
鳙鱼	100%鲜活/冰鲜	2.35%	2.30%	0.78%	1.28%	6.70%
鲜活鱼类平均值	—	2.38%	1.15%	0.39%	2.44%	6.36%

3. 淡水养殖鱼类全产业链损耗

根据调研统计数据（见表3-11），按鲜活、鲜活/加工品等两类产品形式对所有淡水养殖鱼类分类进行产业链损耗测算（见表3-12），鲜活的损耗率选择鲜活鱼类平均值6.36%；对于有加工品的情况，根据相似性原则，鲴鱼、长吻鮠按罗非鱼取值并加权，鳗鱼按草鱼加工环节的损耗计算，鳜鱼按草鱼取值并加权。

表3-12 淡水养殖鱼类产业链损耗测算表

（单位：吨）

鱼类品种	统计产量	终产品形态	损耗率	损耗量	备注
总产量	23625809.6	—	6.10%	1441894.1	—
青鱼	545690.1	鲜活/冷冻品	6.36%	34712.7	取鲜活鱼类平均值
草鱼	4918946.5	鲜活95%	4.85%	226640.5	—
		盐渍加工品5%	9.00%	22135.3	—
鲢鱼	3796552.5	鲜活	6.36%	241508.2	取鲜活鱼类平均值
鳙鱼	2898668.0	鲜活/冰鲜	6.36%	184391.5	取鲜活鱼类平均值
鲤鱼	2864195.7	鲜活	6.36%	182198.6	取鲜活鱼类平均值
鲫鱼	2526658.8	鲜活	6.36%	160727.1	取鲜活鱼类平均值
鳊鱼	734190.8	鲜活	6.36%	46703.7	取鲜活鱼类平均值
泥鳅	297813.4	鲜活	6.36%	18944.7	取鲜活鱼类平均值
鲶鱼	387271.8	鲜活	6.36%	24635.3	取鲜活鱼类平均值
鮰鱼	237308.5	鲜活50%	5.00%	5932.7	根据罗非鱼按50%：50%加权
		冷冻加工品50%	6.60%	7835.1	
黄颡鱼	325200.1	鲜活	6.36%	20686.8	取鲜活鱼类平均值
鲑鱼	4030.9	鲜活	6.36%	256.4	取鲜活鱼类平均值
鳟鱼	27850.8	鲜活	6.36%	1771.7	取鲜活鱼类平均值

续表

鱼类品种	统计产量	终产品形态	损耗率	损耗量	备注
河豚	5319.5	鲜活	6.36%	338.4	取鲜活鱼类平均值
短盖巨脂鲤	88296.2	鲜活	6.36%	5616.7	取鲜活鱼类平均值
长吻鮠	20774.7	鲜活50%	5.00%	519.4	根据罗非鱼按50%∶50%加权
		冷冻加工品50%	6.60%	685.9	
黄鳝	315492.3	鲜活	6.36%	20069.3	取鲜活鱼类平均值
鳜鱼	287803.4	鲜活80%	4.85%	11166.8	根据草鱼按80%∶20%加权
		熏制加工品20%	9.00%	5180.5	
池沼公鱼	13427.1	鲜活	6.36%	854.1	取鲜活鱼类平均值
银鱼	18777.3	干制加工	4.00%	751.1	清洗去杂质
鲈鱼	311437.1	鲜活/冰鲜	6.36%	19811.3	取鲜活鱼类平均值
乌鳢	448735.2	鲜活	6.36%	28545.2	取鲜活鱼类平均值
罗非鱼	1520055.4	鲜活10%	5.00%	7600.3	—
		冷冻加工品90%	6.60%	90336.9	—
鲟鱼	64751.3	鲜活	6.36%	4119.0	取鲜活鱼类平均值
鳗鲡	217284.4	加工品100%	9.00%	19555.6	按草鱼加工制品取值
其他鱼类	749278.1	鲜活	6.36%	47663.5	取鲜活鱼类平均值

根据测算结果（见表3-12），2008—2019年，我国淡

水养殖鱼类年均产量为2362.6万吨，年均损耗总量为144.19万吨，平均损耗率为6.10%。对产业链损耗进行分解测算（见表3-17），流通环节损耗率为2.18%，计损耗量为51.53万吨；加工环节损耗率为1.21%，计损耗量为28.53万吨；贮藏环节损耗率为0.35%，计损耗量为8.24万吨；零售环节损耗率为2.37%，计损耗量为55.89万吨。

（二）淡水养殖甲壳类

1. 基本情况

我国淡水养殖甲壳类主要有小龙虾（克氏原螯虾）、南美白对虾（淡水）和河蟹（大闸蟹）等品种。2008—2019年度平均产量增长率为7.51%，年均产量为258.2万吨，占年均水产品总产量的比例为4.41%，占年均养殖水产品产量的6.18%。

2. 损耗调研情况

调研克氏原螯虾和河蟹两种甲壳类的产业链损耗情况，数据处理结果见表3-13。淡水甲壳类均为高值品种，除克氏原螯虾和南美白对虾有部分加工外，其余品种均以活鲜品销售。根据产业实际估测，克氏原螯虾鲜活品占比70%，加工品占比30%；南美白对虾鲜活品占比20%，冷冻品占比80%，损耗率数据引自海水养殖南美白对虾的数据。这两个品种根据两种产品方式的比例和损耗率进行加权测算。

表3-13 淡水养殖甲壳类产业链损耗调研数据

品种	终产品形态	流通	加工	贮藏	零售	加权合计
克氏原螯虾	鲜活品：70%	6.42%	2.00%	1.00%	3.89%	13.31%
	加工品：30%	1.00%	7.09%	0.50%	1.00%	9.59%
南美白对虾	鲜活品：20%	5.00%	—	1.75%	3.00%	9.75%
	冷冻加工品：80%	0.68%	3.56%	0.78%	0.80%	5.82%
河蟹	鲜活	3.63%	3.30%	3.12%	2.84%	12.89%

3. 淡水养殖甲壳类全产业链损耗

根据调研统计数据（见表3-13）和统计产量对淡水甲壳类进行全产业链损耗估算，结果见表3-14。2008—2019年，我国淡水养殖甲壳类年均产量为258.17万吨，年均损耗总量为27.43万吨，年均损耗率为10.62%。对产业链损耗进行分解测算（见表3-17），流通环节损耗率为3.70%，计损耗量为9.56万吨；加工环节损耗率为2.75%，计损耗量为7.11万吨；贮藏环节损耗率为1.64%，计损耗量为4.23万吨；零售环节损耗率为2.53%，计损耗量为6.53万吨。

表3-14 淡水养殖甲壳类产业链损耗测算表

（单位：吨）

品种	统计产量	终产品形态	损耗率	损耗量	备注
总产量	2581738.8	—	10.62%	274264.1	—
虾类	1851483.9	—	9.92%	183737.2	
罗氏沼虾	129665.7	鲜活	9.75%	12642.4	取南美白对虾鲜活品值
青虾	235034.8	鲜活	9.75%	22915.9	取南美白对虾鲜活品值
克氏原螯虾	843323.6	鲜活70%	13.31%	78584.1	—
		冷冻加工30%	9.59%	24264.7	
南美白对虾	638601.6	鲜活20%	9.75%	12452.7	
		冷冻品80%	5.82%	29733.3	
其他虾类	32247.2	鲜活	9.75%	3144.1	取南美白对虾鲜活品值
蟹类：河蟹	702866.1	鲜活	12.88%	90526.9	—

（三）淡水养殖特种水产品（其他类）

1. 损耗调研情况

纳入国家统计范畴的食用特色淡水养殖品种有龟、鳖和蛙3个品种。2008—2019年平均生产量增长率为4.15%，平均产量为42.8万吨，占年均水产品总产量的0.73%，占年均养殖水产品产量的1.03%。3种产品均以鲜活方式销售，主要经过流通、贮藏和零售3个环节，损耗主要产生于3个环节中的活体死亡和停食减重，不包括正常宰杀中丢弃的内脏等废弃物。调研数据处理结果见表3-15。

表3-15　淡水养殖特种水产品产业链损耗调研数据

品种	终产品形态	流通	加工	贮藏	零售	合计
龟、鳖	鲜活	2.40%	—	3.10%	3.67%	9.17%
蛙	鲜活	2.34%	—	3.31%	3.03%	8.68%

2. 淡水特种水产品全产业链损耗估算

根据调研统计数据（见表3-15）和统计产量对淡水养殖特种水产品进行全产业链损耗估算，结果见表3-16。2018年，我国淡水特种水产品年均产量为42.8万吨，年均损耗总量为3.88万吨，年均损耗率为9.07%。对产业链损耗进行分解测算（见表3-17），流通环节损耗率为2.39%，计损耗量为1.02万吨；贮藏环节损耗率为3.14%，计损耗量为1.35万吨；零售环节损耗率为3.54%，计损耗量为1.52万吨。

表3-16　淡水养殖特种水产品产业链损耗测算表

品种	统计产量	终产品形态	损耗率	损耗量	备注
总计	428390.8	—	9.07%	38846.9	
龟	35779.1	鲜活	9.17%	3280.9	—
鳖	303530.2	鲜活	9.17%	27833.7	—
蛙	89081.6	鲜活	8.68%	7732.3	—

（四）淡水养殖类水产品产业链损耗分析小结

淡水养殖业在我国渔业中占有半壁江山，2008—2019年均产量为2663.6万吨，年均增长率为3.51%，占我国水产品年均总产量的比例为45.53%，占养殖水产品年均产量的63.74%。根据以上分析，对淡水养殖产品种类及各品类损耗量按产业环节分解测算，全产业链损耗分布情况见表3-17。

按汇总核算结果，淡水养殖产品总平均损耗率为6.59%，年总损耗量为175.50万吨，其中零售环节为2.40%（计年均损耗量为63.93万吨），流通环节损耗率为2.33%（计年均损耗量为62.12万吨），加工环节损耗率为1.34%（计年均损耗量为34.64万吨），贮藏环节为0.52%（计年均损耗量为13.81万吨）。

对淡水养殖产品的3个品类损耗情况进行比较，从损耗量比较，鱼类损耗率虽然较低（6.10%），但因产量占比大导致损耗量占主导性地位，占总损耗量比例为82.16%，损耗量为144.19万吨；甲壳类的损耗率最高（10.62%），损耗量达27.43万吨，占总损耗量比例为15.63%；特种水产品损耗量为3.88万吨，占总损耗量比例为2.21%。

表3-17 淡水养殖类水产品损耗分布

（产量：万吨）

品类	总产量	平均损耗率	总损耗量	流通环节 损耗率	流通环节 损耗量	加工环节 损耗率	加工环节 损耗量	贮藏环节 损耗率	贮藏环节 损耗量	零售环节 损耗率	零售环节 损耗量
总计	2663.59	6.59%	175.50	2.33%	62.12	1.34%	34.64	0.52%	13.81	2.40%	63.93
鱼类	2362.58	6.10%	144.19	2.18%	51.53	1.21%	28.53	0.35%	8.24	2.37%	55.89
甲壳类	258.17	10.62%	27.43	3.70%	9.56	2.75%	7.11	1.64%	4.23	2.53%	6.53
特种水产类	42.84	9.07%	3.88	2.39%	1.02	—	—	3.14%	1.35	3.54%	1.52

四、海洋捕捞水产品产业链损耗

海洋捕捞水产品包括鱼类、甲壳类、贝类、藻类、头足类和其他类，其中鱼类、甲壳类和头足类3个品类占主导地位，占海洋捕捞水产品总产量的90%以上。2008—2019年，鱼类、甲壳类和头足类3个品类年均总产量为1094.8万吨，占我国年均水产品总产量的比例为18.71%。本章估算了鱼类、甲壳类和头足类3个品类的损耗情况。

（一）海洋捕捞鱼类全产业链损耗估算

1. 基本情况

鱼类是我国主要的海洋捕捞水产品，品种繁多，纳入《中国渔业统计年鉴》的主要经济品种有26种。根据国家海洋渔业资源的保护政策，近年产量呈下降趋势。2008—2019年平均生产量增长率为－1.31%，年均产量为816.84万吨，占年均水产品总产量的比例为13.96%，占年均海洋捕捞水产品产量的74.61%。

2. 损耗调研情况

对于捕捞鱼类的处理，一般在船上分拣形成产量，到达码头卸货后，不同鱼类有4种不同的处理和销售/消费方式，本次调研了带鱼、海鳗等共计23种鱼类，这些鱼类分别代表4类不同加工、销售处理方式的损耗情况。

第一类，冷冻加工品，指终产品要改变原始鱼体形状的水产品，如冻鱼块、冻鱼段等产品，带鱼是这类产品的典型代表。本类产品在加工环节的损耗主要指清洗、宰杀、分割（如鱼片、鱼段）、漂洗（如鱼糜）、修片（如鱼片）等加工过程中血液、腹膜、脂肪和肌肉等的损耗。本章不包括鱼头、鱼骨和内脏等可用于鱼粉加工的废弃物引起的损耗。

第二类,加工鱼粉。此类鱼是鱼粉生产的原料,卸货后直接用于加工成鱼粉,在加工环节的损耗主要是清洗、蒸煮过程中的内容物损耗。

第三类,以冰鲜/冷冻品销售的产品。此类主要是价值比较高的产品,在上岸后,以冰鲜的方式直接销售,也会以整条冷冻品的方式进行销售。

第四类,干制加工品。此类鱼主要用于加工干制水产品,如鱼干、鱼松、鱼片等。

对调研数据进行处理的结果见表3-18。

表3-18 海洋捕捞鱼类产业链损耗调研数据

品种	终产品形态	流通	加工	贮藏	零售	合计
鮟鱇鱼	冰鲜/冷冻品	1.50%	3.00%	1.00%	0.80%	6.30%
鲳鱼	冰鲜/冷冻品	1.70%	1.34%	0.82%	0.66%	4.52%
大黄鱼	冰鲜/冷冻品	0.50%	1.50%	0.20%	0.20%	2.40%
鳀鱼	鱼粉	1.29%	5.22%	1.79%	1.26%	9.56%
带鱼	冷冻加工品	1.83%	1.48%	0.93%	0.67%	4.91%
方头鱼	冷冻品	3.50%	3.00%	0.80%	0.50%	7.80%
海鳗	冰鲜/冷冻品/风干品	2.00%	3.33%	0.92%	0.45%	6.70%
红娘鱼	冷冻加工品	3.40%	2.50%	0.50%	0.50%	6.90%
黄吉鱼	冰鲜/冷冻品	0.80%	1.50%	0.50%	0.50%	3.30%
金鲳(蓝圆鲹)	冷冻品100%	0.30%	1.00%	0.50%	0.50%	2.30%
金枪鱼	冰鲜/冷冻品	2.75%	1.73%	0.43%	0.30%	5.21%
鲕鱼	冷冻品	3.50%	3.50%	1.00%	0.50%	8.50%

续表

品种	终产品形态	流通	加工	贮藏	零售	合计
梅童鱼	冰鲜/冷冻品	3.30%	0.50%	0.10%	1.20%	5.10%
鮸鱼	冰鲜/冷冻品	1.50%	2.50%	1.50%	0.80%	6.30%
鲯鳅鱼	冷冻加工品	3.50%	2.50%	0.50%	0.50%	7.00%
秋刀鱼	冷冻品	3.50%	2.50%	0.50%	0.50%	7.00%
鲐鱼	冰鲜/冷冻品	2.10%	2.65%	1.10%	0.83%	6.68%
无骨冻鲐鱼片	冰鲜/冷冻品	1.00%	3.00%	1.00%	0.50%	5.50%
小黄鱼	冷冻加工品	1.45%	1.95%	1.08%	0.40%	4.88%
竹荚鱼	冰鲜/冷冻品	2.75%	0.60%	0.30%	0.95%	4.60%
鲳鱼	冷冻加工品	3.50%	2.50%	0.50%	0.90%	7.40%
月亮鱼	冷冻加工品	2.80%	2.50%	0.50%	0.50%	6.30%
平均值	—	2.15%	2.20%	0.74%	0.61%	5.70%

3. 海洋捕捞鱼类全产业链损耗

根据相似性原则，按表3-18中4类不同情况的损耗率调研数据和统计产量对海洋捕捞所有鱼类全产业链损耗进行估算，结果见表3-19。

表3-19 海洋捕捞鱼类产业链损耗测算表

鱼类品种	统计产量	终产品形态	损耗率	损耗量	备注
产量总计	8168399.5	—	5.68%	463855.4	—
海鳗	351541.8	冰鲜/冷冻品	6.70%	23553.3	—
鳓鱼	82498.4	冰鲜/冷冻品	8.50%	7012.4	—
鳀鱼	743508.6	冰鲜/冷冻品	9.55%	71024.2	—
沙丁鱼	133420.2	冰鲜/冷冻品	5.69%	7597.1	取平均值

续表

鱼类品种	统计产量	终产品形态	损耗率	损耗量	备注
鲱鱼	16956.9	冰鲜/冷冻品	5.69%	965.5	取平均值
石斑鱼	102214.7	冰鲜/冷冻品	5.22%	5332.2	取金枪鱼值
鲷鱼	156922.8	冰鲜/冷冻品	5.22%	8186.1	取金枪鱼值
蓝圆鲹	554550.8	冰鲜/冷冻品	2.30%	12754.7	—
白姑鱼	112476.9	冰鲜/冷冻品	5.69%	6404.5	—
黄姑鱼	77453.4	冰鲜/冷冻品	3.30%	2556.0	—
鮸鱼	54059.3	冰鲜/冷冻品	6.30%	3405.7	—
大黄鱼	74676.8	冰鲜/冷冻品	2.40%	1792.2	—
小黄鱼	347793.4	冰鲜/冷冻品	4.88%	16954.9	—
梅童鱼	260747.0	冰鲜/冷冻品	5.10%	13298.1	—
方头鱼	41692.4	冰鲜/冷冻品	7.80%	3252.0	—
玉筋鱼	120375.1	冰鲜/冷冻品	5.69%	6854.3	—
带鱼	1079991.6	冷冻加工品	4.92%	53099.6	—
金线鱼	350792.3	冰鲜/冷冻品	5.69%	19974.5	—
梭鱼	138834.0	冰鲜/冷冻品	5.69%	7905.3	—
鲐鱼	479847.4	冰鲜/冷冻品	6.68%	32069.8	—
鲅鱼	418026.1	冰鲜/冷冻品	6.68%	27938.1	取鲐鱼值
金枪鱼	44051.3	冰鲜/冷冻品	5.22%	2298.0	—
鲳鱼	343738.4	冰鲜/冷冻品	2.30%	7906.0	—
马面鲀	179975.1	干制加工品	6.70%	12058.3	取相似加工方式的海鳗值
竹荚鱼	36195.0	冰鲜/冷冻品	4.60%	1665.0	—
鲻鱼	102040.5	冰鲜/冷冻品	7.40%	7551.0	—
其他鱼类	1764019.5	冰鲜/冷冻品	5.69%	100445.0	取平均值

根据表3-19的结果，2008—2019年，我国海洋捕捞鱼类年均总产量为816.84万吨，年均损耗总量为46.39万吨，年均损耗率为5.68%。对产业链损耗进行分解测算（见表3-22），流通环节损耗率为1.85%，计损耗量为15.10万吨；加工环节损耗率为2.29%，计损耗量为18.71万吨；贮藏环节损耗率为0.86%，计损耗量为7.05万吨；零售环节损耗率为0.68%，计损耗量为5.53万吨。

（二）海洋捕捞甲壳类和头足类全产业链损耗

1. 基本情况

甲壳类和头足类是除鱼类外的重要海洋捕捞水产品，品种繁多，列入国家统计范围的品种共计10种，其中虾类有4种，蟹类3种，头足类3种。2008—2019年，海洋捕捞甲壳类和头足类年均总产量分别为213.09万吨和64.82万吨，年均增长率分别为-0.13%和-1.03%，占我国年均水产品总产量的比例分别为3.64%和1.11%，占年均海洋捕捞水产品产量的比例分别为19.46%和5.92%。

2. 损耗调研情况

由于捕捞甲壳类和头足类的品种差异化大、加工处理和消费方式不同，本次调研选择有代表性的8个品种（见表3-20），分别代表甲壳类的冷冻品、鲜活销售、冰鲜、加工品及头足类的冷冻品。对调研数据进行处理的结果见表3-20。

表3-20 海洋捕捞甲壳类和头足类产业链损耗调研数据

品种	终产品形成	流通	加工	贮藏	零售	合计
甲壳类						
对虾	干制加工品	1.00%	0.20%	0.50%	0.10%	1.80%
虾蛄	鲜活/冰鲜	3.00%	—	—	5.00%	8.00%
梭子蟹	冰鲜/冷冻加工品	2.11%	1.76%	1.04%	0.86%	5.77%
鹰爪虾	冷冻品	1.50%	3.50%	1.50%	0.55%	7.05%
毛虾	冷冻加工品	2.17%	2.38%	1.08%	0.43%	6.06%
甲壳类平均值	—	1.96%	1.57%	0.83%	1.39%	5.75%
头足类						
乌贼	冷冻品	4.50%	5.00%	0.50%	1.00%	11.00%
鱿鱼	冷冻加工品	1.65%	4.04%	1.21%	0.69%	7.59%
章鱼	冷冻品	1.76%	3.47%	0.99%	0.52%	6.74%
头足类平均值	—	2.64%	4.17%	0.90%	0.74%	8.45%

3. 全产业链损耗测算

根据相似性原则，按表3-20中8个品种的不同损耗率统计数据和《中国渔业统计年鉴》（2019）统计产量进行全产业链损耗估算，结果见表3-21。

2018年，海洋捕捞甲壳类和头足类年均总产量分别为213.09万吨和64.82万吨，计算年度损耗总量分别为11.98万吨和5.30万吨，平均损耗率分别为5.62%和8.18%。

对甲壳类产业链损耗进行分解测算（见表3-22），流通环节损耗率为1.96%，计损耗量为4.18万吨；加工环节损耗率为1.46%，计损耗量为3.11万吨；贮藏环节损耗率为0.87%，计损耗量为1.85万吨；零售环节损耗率为1.34%，计损耗量为2.85万吨。

对头足类产业链损耗进行分解测算（见表3-22），流通环节损耗率为2.31%，计损耗量为1.50万吨；加工环节损耗率为4.14%，计损耗量为2.68万吨；贮藏环节损耗率为1.00%，计损耗量为0.65万吨；零售环节损耗率为0.73%，计损耗量为0.47万吨。

表3-21 海水捕捞甲壳类和头足类产业链损耗测算表

品类/品种	统计产量	终产品形态	损耗率	损耗量	备注
甲壳类	2130928.4	—	5.62%	119811.6	—
虾类	1448436.5	—	5.55%	80422.1	
毛虾	512163.1	加工品	6.07%	31071.2	
对虾	147742.1	冷冻品	1.80%	2659.4	
鹰爪虾	297714.3	干制加工品	7.05%	20988.9	
虾蛄	272063.2	鲜活	8.00%	21765.1	—
其他虾类	218753.9	冷冻品	1.80%	3937.6	取对虾值

续表

品类/品种	统计产量	终产品形态	损耗率	损耗量	备注
蟹类	682491.9	—	5.77%	39389.5	—
梭子蟹	444513.8	冰鲜	5.77%	25654.8	—
青蟹	75266.2	冰鲜	5.77%	4343.9	取梭子蟹值
蟳类	48877.8	冰鲜	5.77%	2820.9	取梭子蟹值
其他蟹类	113834.1	冰鲜	5.77%	6569.9	取梭子蟹值
头足类	648212.3	—	8.18%	53006.0	—
乌贼	128971.9	冷冻品	11.00%	14186.9	
鱿鱼	351020.0	冷冻加工品	7.59%	26654.1	
章鱼	119363.7	冷冻品	6.74%	8040.0	
其他头足类	48856.8	冷冻品	8.44%	4125.0	取平均值

（三）海洋捕捞水产品全产业链损耗分析小结

对海洋捕捞类水产品按不同品类及不同产业环节的损耗分解测算，损耗分布情况见表3-22。按汇总核算结果，2008—2019年，我国海洋捕捞类水产品年均损耗率为5.82%，年均损耗量为63.67万吨，其中加工环节损耗量为24.50万吨，损耗率为2.24%；流通环节损耗量为20.77万吨，损耗率为1.90%；贮藏环节损耗量为9.55万吨，损耗率为0.87%；零售环节损耗量为8.85万吨，损耗率为0.81%。

对海洋捕捞水产品的3个品类损耗情况进行比较（见表3-22），鱼类因产量占比高致其损耗量占总损耗量的比例最高，达72.9%，年均总损耗量达46.39万吨；头足类损耗率最高，达8.18%，损耗量为5.30万吨，占捕捞水产品年均总损耗量的比例为8.3；甲壳类损耗率为5.62%，年均总损耗量为11.98万吨，占捕捞水产品年均总损耗量的18.8%。

表3-22 海洋捕捞类水产品损耗分布

（产量：万吨）

品类	总产量	平均损耗率	总损耗量	流通环节损耗率	流通环节损耗量	加工环节损耗率	加工环节损耗量	贮藏环节损耗率	贮藏环节损耗量	零售环节损耗率	零售环节损耗量
海洋捕捞	1094.75	5.82%	63.67	1.90%	20.77	2.24%	24.50	0.87%	9.55	0.81%	8.85
其中：鱼类	816.84	5.68%	46.39	1.85%	15.10	2.29%	18.71	0.86%	7.05	0.68%	5.53
甲壳类	213.09	5.62%	11.98	1.96%	4.18	1.46%	3.11	0.87%	1.85	1.34%	2.85
头足类	64.82	8.18%	5.30	2.31%	1.50	4.14%	2.68	1.00%	0.65	0.73%	0.47

五、水产品全产业链损耗总测算结果

将各品类水产品产业链损耗分析结果汇总，分别以年均损耗总量（见表3-23）、年均损耗率（见表3-24）为基数，计算全部水产品总平均损耗率及产业链损耗分布情况。经测算分析形成如下结论。

（一）水产品损耗率（加权年均损耗率）

2008—2019年，年均水产品总损耗量为426.55万吨，年均损耗率为8.09%。其中海水养殖产品为12.37%，淡水养殖产品为6.59%，海洋捕捞产品为5.82%。详见表3-23和表3-24。

需要特别说明的是水产品及品类的损耗率是基于所有单一品种损耗率以年均产量加权的计算值。根据水产品、渔业及本章数据处理的实际情况，以本研究测算值8.09%为基数，水产品全产业链损耗率在±10%~15%范围内（损耗率在6.50%~9.50%）均是可以接受的。

（二）基于年均损耗总量的产业链损耗量分布

按年均水产品总损耗量426.55万吨进行产业环节损耗占比测算（见表3-23），加工环节损耗占比为39.78%，计年均损耗量为169.67万吨；流通环节损耗占比为27.60%，计年均损耗量为117.73万吨；零售环节损耗占比为23.05%，计年均损耗量为98.32万吨；贮藏环节损耗占比为9.57%，计年均损耗量为40.83万吨。

表3-23 水产品全产业链损耗量分布（2008—2019年）

品类	产量（万吨）统计产量	品类占比	年均损耗率	年均总损耗量（万吨）	损耗量分布（占比）流通	加工	贮藏	零售	各环节损耗量（万吨）流通	加工	贮藏	零售
水产品总量	5273.7	90.14%	8.09%	426.55	27.60%	39.78%	9.57%	23.05%	117.73	169.67	40.83	98.32
水产养殖	4179.0	79.24%	8.68%	362.88	26.72%	40.00%	8.62%	24.66%	96.96	145.17	31.28	89.47
海水养殖	1515.4	25.90%	12.37%	187.38	18.59%	58.45%	9.32%	13.63%	34.84	109.53	17.47	25.54
其中:鱼类	114.7	2.18%	3.59%	4.12	27.66%	14.92%	7.28%	50.13%	1.14	0.62	0.30	2.07
甲壳类	134.9	2.56%	5.88%	7.93	24.26%	37.05%	9.59%	29.10%	1.92	2.94	0.76	2.31
贝类	1265.8	24.00%	13.85%	175.33	18.13%	60.45%	9.36%	12.07%	31.78	105.98	16.41	21.17
淡水养殖	2663.6	50.51%	6.59%	175.50	35.39%	20.31%	7.87%	36.43%	62.12	35.64	13.81	63.93
其中:鱼类	2362.6	44.80%	6.10%	144.19	35.74%	19.78%	5.71%	38.76%	51.53	28.53	8.24	55.89
甲壳类	258.2	4.90%	10.62%	27.43	34.87%	25.92%	15.41%	23.79%	9.56	7.11	4.23	6.53
特种水产	42.8	0.81%	9.07%	3.88	26.33%	—	34.67%	39.00%	1.02	—	1.35	1.52
海洋捕捞	1094.8	20.76%	5.82%	63.67	32.63%	38.48%	14.99%	13.90%	20.77	24.50	9.55	8.85
其中:鱼类	816.8	15.49%	5.68%	46.39	32.54%	40.34%	15.20%	11.91%	15.10	18.71	7.05	5.53
甲壳类	213.1	4.04%	5.62%	11.98	34.87%	25.92%	15.41%	23.79%	4.18	3.11	1.85	2.85
头足类	64.8	1.23%	8.18%	5.30	28.26%	50.59%	12.27%	8.88%	1.50	2.68	0.65	0.47

注：水产品总量指本报告所涉及的三类动物性水产品的年均总产量，占2008—2019年均水产品总产量的比例为90.14%；统计产量数据来自《中国渔业统计年鉴》(2009—2020)

（三）基于年均损耗率的产业链损耗率分布

以总平均损耗率8.09%为基数，对各环节的损耗率进行加权计算（见表3-24），结果表明，加工环节损耗率为3.22%，流通环节损耗率为2.23%，零售环节损耗率为1.86%，贮藏环节损耗率为0.77%。

表3-24 水产品全产业链损耗率分布

品类	2008—2019年水产品年均产量（万吨）统计产量	品类占比	年均损耗率	年均总损耗量（万吨）	各产业环节损耗率分布 流通	加工	贮藏	零售
水产品总量	5273.7	90.14%	8.09%	426.55	2.23%	3.22%	0.77%	1.86%
水产养殖	4179.0	79.24%	8.68%	362.88	2.32%	3.47%	0.75%	2.14%
海水养殖	1515.4	25.90%	12.37%	187.38	2.30%	7.23%	1.15%	1.69%
其中：鱼类	114.7	2.18%	3.59%	4.12	0.99%	0.54%	0.26%	1.80%
甲壳类	134.9	2.56%	5.88%	7.93	1.43%	2.18%	0.56%	1.71%
贝类	1265.8	24.00%	13.85%	175.33	2.51%	8.37%	1.30%	1.67%
淡水养殖	2663.6	50.51%	6.59%	175.50	2.33%	1.34%	0.52%	2.40%
其中：鱼类	2362.3	44.80%	6.10%	144.19	2.18%	1.21%	0.35%	2.37%
甲壳类	258.2	4.90%	10.62%	27.43	3.70%	2.75%	1.64%	2.53%
特种水产	42.8	0.81%	9.07%	3.88	2.39%	—	3.14%	3.54%
海洋捕捞	1094.8	20.76%	5.82%	63.67	1.90%	2.24%	0.87%	0.81%
其中：鱼类	816.8	15.49%	5.68%	46.39	1.85%	2.29%	0.86%	0.68%
甲壳类	213.1	4.04%	5.62%	11.98	1.96%	1.46%	0.87%	1.34%
头足类	64.8	1.23%	8.18%	5.30	2.31%	4.14%	1.00%	0.73%

注：水产品总量指本报告所涉及的三类动物性水产品的年均总产量，占2008—2019年均水产品总产量的比例为90.14%；统计产量数据来自《中国渔业统计年鉴》（2009—2020）

六、讨论与说明

（一）已有研究和报告

到目前为止，我国对水产品产业链的损耗研究基本属于空白。张璟和刘景景（2019）报道水产品从收购到市场批发收购整个流通环节，因失水、腐烂等原因造成的淡水鱼损耗比例约为11.77%、海水鱼损耗比例约为5.19%、虾蟹类损耗比例约为10.10%、贝类的损耗比例约为6.87%。吴稼乐等（2008）报告我国水产品冷链运输的损耗率为2%~3%。胡罗英等（2012）在研究中使用的损耗率为12%~15%。武深树（2017）在研究中使用的损耗率为14.5%。另有一些学者常以10%为损耗率的基数。上述研究报告中的损耗数据比较笼统，均缺乏相应依据。FAO（2020）报道全球鱼类损失和浪费在30%到35%之间，但FAO报道的损失和浪费与本章损耗的含义是不同的，FAO的损失包括捕捞过程中的丢弃、食用过程中的浪费和丢弃等。

（二）研究结果的比较分析

本章通过对样本品种损耗情况的市场调查，以2008—2019年3类主要动物性水产品年均产量数据为基础，加权计算获得水产品及各品类的年均损耗率。结果显示，水产品平均损耗率为8.09%，其中海水养殖产品损耗率为12.37%，淡水养殖产品损耗率为6.59%，海洋捕捞产品损耗率为5.82%。海水养殖水产品的损耗率明显高于其他品类，主要原因是海水养殖贝类产量的权重较大，而且该品类的损耗率比较高（13.85%）。按鱼类、甲壳类和其他（贝类等）3个品类进行比较（见表3-23、表3-24），鱼类是3类产品中损耗率最低的，特别是海水养殖鱼类损耗率低至3.59%，其主要原因是海水养殖鱼类价格一般较高，养殖者和流通批发环节都会仔细处理。淡水养殖甲壳类和特种水产品的损耗率也比较高，主要原因是这两类产品均以鲜活方式流通与消费，容易因死亡引起较高的损耗。本章的研究结果基本符合水产品生产实际情况。

（三）影响结果准确性的因素

由于水产品品类/品种差异性、加工流通渠道的差异性、产品形式和消费方式的差异性、地区的差异性、样本数量和经费的限制等，要搞清楚每一类产品、每一个产品的准确损耗情况，几乎是不可能的，因为存在许多因素影响结果的准确性与可靠性。

1. 水产品自然属性与测算方法对准确性的影响

水产品是由鱼、虾、蟹、贝等十多个品类和几百个品种构成的一类产品，列入《中国渔业统计年鉴》统计范畴的品种有110个。水产品的这一自然属性，决定了水产品及其各品类的产业链损耗率依赖于每一个单一品种的损耗，是基于某一年度或某些年度水产品及品类产量结构的加权计算值。因此，水产品产业链损耗率及各品类的损耗率不可能是一个固定不变的数据，会因年度品种/品类产量结构不同而有些变化。

为尽量减少上述问题影响，本章取2008—2019年水产品及品类年均产量作为测算的基础，并与以年度产量为基础的测算做了比较，结果表明，2008—2019年各年度水产品损耗率变动范围为8.00%~8.27%，年度损耗率的算术平均值为8.08%，与本章加权计算获得的损耗率结果8.09%相比，下限偏差-0.09%，上限偏差+0.16%，与算术平均值的偏差为0.01%。这些偏差均由年度产量结构变化引起。

此外，本章所使用的测算方法基于假设每一个水产品单一品种的损耗率在计算期内（2008—2019年）是恒定不变的。事实上，这也是不可能的，因为，单一品种的损耗率取决于被调查企业统计数据的准确性，水产品加工和流通运输技术设备改进、管理水平改进等会降低损耗率，等等。定期进行损耗率调查或许是解决这个问题的有效措施。

2. 样本数量、数据处理对准确性的影响

至少有三个方面影响了调查结果的准确性。一是样本数量。虽然本次调研尽量选择有代表性的地区和水产品品种，但我国渔业人口1828万人，加工企业9323个，养殖（户）企业数有几十万甚至上百万个，仅依靠几千个调研样本数据计算产业链损耗率，尚欠足够的说服力。二是调查数据的准确性。回收的调查数据存在各种不同程度的差异等问题，除水产品品种和处理方式差异等原因外，多数被调查者对损耗率没有概念（以业主估测为主）是主要原因。为此，在数据处理时，删除了明显存有问题的一些数据，并通过专家咨询，对个别数据进行了调整。三是数据借用。对于没有调查到的品种，采取相似性原则，借用相似品种（如"中国对虾"借用"南美白对虾"的数据）的损耗率，或借用品类/品种相似的损耗率平均值。上述三个问题影响基础品种的损耗率，因而可能影响本章测算水产品损耗率的准确性。

（四）其他需要说明的问题

一是本章对产业链损耗的定义范围与FAO等机构的定

义或许存在差异。从完全产业链分析，渔业生产损耗最大的阶段是在初级生产阶段（主要是养殖业生产过程），损耗率在10%~25%之间，但生产阶段的损耗不在本章的损耗定义范围之内。加强生产阶段的损耗研究，是今后需要进一步研究的课题。

二是我国水产品特点是品类/品种多、生产和消费方式多、差异性大、加工品形式多样，产业集中度和标准化程度远低于畜牧产业。因此，品类/品种间、企业间的产品损耗率会有一定的差异。跟踪调查各种水产品的损耗情况，是今后努力的方向。

三是本章的产业链损耗不包括水产品处理和加工过程中对正常废弃物（如贝壳、鱼内脏等）的处置。一般而言，鱼虾贝类等水产品加工废弃物占水产品总量的比例为35%~70%，因品类/品种不同，范围比较大。这是与粮食、畜牧等产业链的不同之处，对废弃物的充分利用、提高产业附加值是水产品加工企业和科研部门努力的方向。

引用和参考文献

[1] FAO（Rome），"The State of World Fisheries and Aquaculture 2020"，2020.

[2] 张璟、刘景景：《中国水产品批发市场发展情况研究——基于18省区35家批发市场的调查》，《中国食物与营养》2019年第1期。

[3] 吴稼乐等：《水产品冷链物流中三项指标的构建——冷链物流流通率、冷链运输率和损失率》，《中国渔业经济》2008年第5期。

[4] 胡罗英等：《河北省水产品供给与需求预测分析》，《中国渔业经济》2012年第2期。

[5] 武深树：《湖南省水产品消费需求预测与发展潜力分析》，《农业展望》2017年第4期。

第四章

我国蛋类全产业链损耗情况

唐振闯　马　闯　孙　岩　程广燕（通讯作者）

摘要：蛋类作为居民重要的膳食构成和优质蛋白质的重要来源，对人民生活水平的提高和饮食结构的改善发挥重要作用。长期以来，我国蛋类的生产数据和消费数据之间差距很大，生产和消费不匹配，这严重制约了禽蛋供需保障能力和市场预警水平。造成这种数据差距的原因是多方面的，除了统计口径不同外，禽蛋生产、加工、流通、贸易等产业链各环节的损耗数据不科学、不标准也严重制约禽蛋市场信息全产业链监测的准确度。蛋类的损耗与养殖设备、养殖规模、经营方式、运销距离等因素有关，这些因素随着产业发展不断变化，需要进行持续的跟踪调查。

关键词：蛋类，全产业链，损耗，减损

第四章
我国蛋类全产业链损耗情况

一、引言

(一)调研的必要性

我国是世界上禽蛋生产与消费的第一大国,2018年禽蛋产量占世界总产量的38%,人均年表观消费量为22.4公斤,位居世界前列。我国禽蛋产品呈现丰富的多样性,包括鸡蛋、鸭蛋、鹅蛋和其他禽蛋。禽蛋产业的发展关系到人们日常的消费和健康,也关乎千万养殖户的收入情况,是典型的民生产业;禽蛋产品从养殖端到消费端,中间历经生产、收集、清洗、包装、储存、运输、流通等多个环节,存在破损、水分流失、储存不当变质等多种损耗。本章旨在通过调研,全面系统地了解从禽蛋生产到终端消费过程中的损耗,并对中国禽蛋有效食物和营养物质供给量进行测算与分析。

(二)国内蛋品发展现状

从2000—2018年禽蛋产量变化来看,2000—2008年禽蛋产量呈现快速增长态势,年均增长率为2.7%;2009—2018年,禽蛋产量增幅减小,年均增长率为1.4%;其中,2018年中国禽蛋产量为3128万吨,同比增长1%。随着禽蛋产量增加，禽蛋产业结构也在不断调整、优化。分区域看，我国禽蛋养殖集中在中国的东北、华北和华东地区，河南、山东、河北、辽宁、江苏、湖北、四川、安徽、吉林、黑龙江是禽蛋产量最大的前十个省份，2018年这十个省份禽蛋产量合计为2418.1万吨，占全国总量的77.30%。2018年，我国人均禽蛋消费量为22.4千克，已经远远超过世界平均水平，位居世界前列，其中由于城镇居民消费结构的显著变化以及收入的快速增长，城镇居民禽蛋年人均消费量明显高于农村居民。

我国禽蛋主要有四大细分产业，包括高产配套系蛋鸡、地方特色蛋鸡、草蛋鸡、蛋鸭及其他蛋禽。据北京博亚和讯数据统计，2018年高产配套系鸡蛋产量为1767万吨，同比下降5.55%，占禽蛋总产量的56.5%。受环保因素影响，2015年以来我国蛋鸭产量持续减少，2018年蛋鸭产量为306.91万吨，同比下降3.80%，占禽蛋总产量的9.8%。2018年，地方特色鸡蛋产量为321.9万吨，占比禽蛋总量的10.3%；草鸡蛋产量为373.4万吨，占比11.9%，其他禽蛋占比11.5%。

二、数据来源与计算方法

（一）调研区域选择

基于典型性和代表性的原则，本次调研范围以蛋鸡主产区为主，兼顾主销区，调研区域为河南省、山东省、河北省、湖北省、四川省、北京市、上海市（见表4-1）；其中山东、河南、河北禽蛋产量分别占全国产量的14.29%、13.22%、12.08%，全国排名前三；上海市、北京市为主销区代表（见表4-2）。本次调研完成了17家企业的调研与数据采集，其中产销一体化企业2家，大型养殖企业4家，养殖合作社3家，散户2家，蛋商6家；其中12家实地走访，5家线上访谈。本次调研的蛋鸡主要为高产配套系蛋鸡，品种为海兰褐/粉、罗曼褐/粉、京红1号等。目前蛋鸡正常生长周期为500～520天，产330枚左右鸡蛋，高峰期产蛋率维持在95%左右，日均采食量110克。

表4-1 调研省（市）部分企业情况

序号	企业	省（市）	调研企业类型
1	圣迪乐村	四川	一体化企业
2	晋龙集团	山西	一体化企业
3	民权野岗养殖合作社	河南	合作社
4	禹州汉元家禽	河南	规模化企业

续表

序号	企业	省（市）	调研企业类型
5	德州壹号食品	山东	规模化企业
6	爱佳畜禽	山东	中等规模化企业
7	康牧源	河北	中等规模化企业
8	彩霞姑娘生态农业	上海	鸡蛋贸易商
9	林氏亿发蛋品	广东	鸡蛋贸易商

表4-2 调研省（市）2018年禽蛋产量及占全国的比重

省（市）	产销区域	年产量（万吨）	全国占比（%）	全国排名
山东	产区	447.00	14.29%	1
河南	产区	413.61	13.22%	2
河北	产区	378.00	12.08%	3
湖北	产区	171.53	5.48%	5
四川	产区	148.84	4.76%	6
山西	产区	102.60	3.28%	12
北京	销区	11.20	0.36%	26
上海	销区	3.00	0.10%	29

数据来源：国家统计局

（二）蛋品损耗概念

蛋品损耗是全产业链中蛋品从养殖到零售各个环节中的产品损耗，因设备、人为因素、技术水平等不同原因导致的不再以食物的形式进入流通环节的可食用部分重量。

第四章
我国蛋类全产业链损耗情况

从实际生产、加工、流通等情况来看，包括产后处理、储藏、流通（运输、零售）等环节。本章重点分析产后处理、储藏、流通（运输、零售）环节的损耗。

（三）计算公式

收获后处理损耗率（Loss rate of post-harvest handling，L_{PH}）指捡蛋、清洗、打码、包装等过程。计算比例均由"一对一"访谈得出。

贮藏环节损耗率计算公式：

$$L_{ST} = \frac{\sum_{i=1}^{n} P_{s,i} S_i}{\sum_{i=1}^{n} S_i} \times 100\%$$

L_{ST}：贮藏损耗率；P_s为损失率，i为蛋品种类，S_i为实际贮藏量。

流通损耗率（Loss rate of distribution，L_D）指运输和销售过程中的损耗率，此处的运输是指在全国范围内的物流配送。

$$L_D = L_{DT} + L_{DR}$$

L_D：流通损耗率；L_{DT}：运输损耗率；L_{DR}：销售损耗率。数据均由经销商访谈获得。

总损耗率（Loss rate of total supply chain，L_{TSC}）：由于蛋品从产后处理到零售各环节逐级递减，为便于全产业链各环节损耗率加总或比较，本章将每个环节的损耗率进行标准化处理，标准损耗率指全产业链中上一环节进入下一环节后的叠加损耗率，蛋类总损耗率为 $L_{TSC}=L_{PH^*}+L_{ST^*}+L_{D^*}$ 。

三、禽蛋产业链损耗

（一）产后处理鸡蛋损耗率（收集破损率）

近几年蛋鸡养殖规模化、自动化程度提高，本次调研发现10万羽以下的蛋鸡养殖使用A型阶梯式笼养为主，10万以上的规模化企业以H型层叠式笼养为主。河南、山东、河北等地散户及养殖户合作社多为A型笼养，集蛋方式为人工捡蛋，据调查，在此过程中鸡蛋破损率为0.30%~0.32%，平均破损率为0.31%。部分散户表示，如果捡蛋者是养殖户本人，捡蛋相对细心负责，破损率可控制在0.25%以内。规模化企业使用H型笼养，集蛋方式为（半）自动化，鸡蛋破损率相对偏高，调研企业的破损率为0.6%~1.0%，平均破损率为0.8%。H型笼养自动收蛋可降低人工成本，但鸡蛋破损率较A型笼养高出0.49个百分点。

根据本次调研可知，A型笼养蛋鸡集蛋的损耗率为

0.31%，H型笼养蛋鸡在养殖端鸡蛋的损耗率为0.8%，从调研情况看，散户、家庭养殖及养殖合作社仍以A型笼养为主，中大规模企业以H型笼养为主，据目前我国蛋鸡规模化养殖发展情况，A型、H型笼养比例为8∶2，加权比重计算得出产后处理鸡蛋破损率为0.41%。

（二）贮藏鸡蛋损耗率（入箱损耗率）

散户及一般养殖企业大部分通过蛋商和批发市场直接进入消费市场，也有一部分规模化企业通过清洗、打码、包装等过程，做企业品牌鸡蛋，然后通过商超及企业自身销售渠道流入市场。一般养殖户集蛋后直接入箱/框出售，鸡蛋损耗率相对较低，约为0.29%。而部分做品牌鸡蛋的企业对于鸡蛋质量要求相对较高，在鸡蛋入箱过程中会有破损。做品牌鸡蛋的企业多为规模化企业，集蛋方式以H型笼养为主，鸡蛋入箱产生破损和残次品，此过程损耗率为1%~3%；而如山西晋龙集团、四川圣迪乐村等企业做品牌鸡蛋，需剔除裂纹蛋、沙壳蛋、暗斑蛋等，残次品相对较高，损耗率为5%~10%。加权计算规模化企业入箱损耗率为4.16%。据调查，不符合品牌蛋标准但蛋壳完整的残次品，被就近销售给食品加工厂或烘焙店打蛋使用，比例接近一半。因此，生产品牌鸡蛋的规模化企业入箱损耗率调整为2.08%。根据本次调研可知，普通鸡蛋入箱损耗率为0.29%，规模化企业入箱损耗率为2.08%；目前品牌鸡蛋产量占比约为20%，加权平均计算得出鸡蛋入箱损耗率为0.65%。

（三）流通鸡蛋损耗率（运输及销售损耗率）

1. 运输过程中鸡蛋损耗情况

从蛋鸡产业分布看，我国主产区主要分布于北方，在满足本地需求以后，北方主产区鸡蛋将运往北京、广州、上海、江苏等非主产区。目前我国鸡蛋运输有两种方法，运输距离在800公里内以塑料筐（可回收）为主，降低成本；运输距离超过800公里以纸箱为主（一次性），包括品牌鸡蛋。外界温度越高，鸡蛋在运输中水分失重越多；湿度越大，鸡蛋水分蒸发越慢。据河南、山东、河北、北京、上海等蛋商数据，在短途运输中，鸡蛋的平均损耗率为0.31%，在长途运输中，鸡蛋的平均损耗率为0.84%。目前国内主产区基本能满足本地需求，东北、山东地区鸡蛋以调往北京为主，河南、河北、山西等地鸡蛋主要销往上海、广东等地。近年来，贵州、江苏、湖北、福建等南方省份蛋鸡养殖量回升，北蛋南运趋势减弱。据调研，国内鸡蛋长途、短途运输比例约为3∶7，加权计算得出在运输过程中鸡蛋的损耗率为0.47%。

2. 销售过程中鸡蛋损耗情况

无论蛋鸡养殖主产区还是主销区，我国鸡蛋终端主要以农贸批发市场、商超、社区零售店、线上（电商）等为主，在销售过程中也会产生损耗。根据各企业的调研以及鲜销产品损耗率的相关规定，销售过程中鸡蛋损耗率一般会控制在3%以内。产生损耗的主要因素有入店时抽样质量把控、管理过程中的盘点、消费者退换货、售卖中误差、正常损耗（破损、自然挥发）等。例如，商超及社区需拆箱检验鸡蛋质量是否达标，售卖过程中先进先出原则需盘点货源，常温下鸡蛋失重（夏天高温失水高于冬天），线上配送环节损耗，等等。其中，农贸批发市场、社区零售店鸡蛋损耗相对偏低，损耗率为1%～2%；而商超及线上（电商）零售损耗为2%～2.5%。销售过程环节较多，增加了不可控因素，造成整个过程的破损率较高。根据对北京、上海和郑州3个大型商超及山西、陕西品牌鸡蛋企业的调查发现，终端销售过程鸡蛋损耗率均值约为1.88%。

（四）调研小结

本次通过实地走访、线上访谈共计调研8个省（市）的蛋鸡养殖企业、鸡蛋贸易商以及企业零售端情况。鸡蛋产后处理环节损耗率为0.41%，贮藏环节损耗率为0.65%；鸡蛋运输过程中鸡蛋损耗率为0.47%，需要考虑温度、湿度等因素对鸡蛋的影响；终端销售环节鸡蛋损耗率为1.88%。鸡蛋全产业链损耗率为3.41%。从全产业链过程来看，养殖端环节H型笼养破损率高于A型笼养。运输环节蛋品损耗受距离、温度、湿度等因素影响，同等环境下纸箱损耗率低于塑料筐。进入流通环节不可控因素增多，鸡蛋损耗率最大。

（五）其他禽蛋的损耗情况

目前我国蛋鸡养殖99%以上均为笼养，包括地方特色蛋鸡、草蛋鸡等，因此在蛋品损耗方面可以参考关于高产配套系蛋鸡的调研数据。据调查，地方特色鸡蛋、草鸡蛋流通范围有限，一般为地方区域性流通，尤其草鸡蛋，主要集中在江苏、湖北、上海等地；纸箱占比相对较高，鸡蛋流通损耗减少。结合产业链流通环节及市场调查，地方特色鸡蛋产业链中的损耗率为2.80%，草鸡蛋产业链中的损耗率为2.60%。我国蛋鸭产业正在进行调整，多地区蛋鸭养殖开始离开水域改为笼养，90%以上的蛋鸭是作为加工产品原料，不同地区损耗率统计难度较大。由于鸭蛋多数直接进入加工环节，因此在销售端的鸭蛋破损率要远小于鸡蛋；另外，蛋鸭养殖处于离水改笼养阶段叠加鸭蛋壳强度较高，收获处理损耗率也会小于鸡蛋。综合估算鸭蛋在产业链中的损耗率约为2%。

四、禽蛋有效供给量

禽蛋由蛋壳、蛋白和蛋黄三大部分组成，其中蛋壳的主要成分是碳酸钙，紧贴着蛋壳的是蛋壳膜；蛋壳（包括蛋壳膜）在鸡蛋、鸭蛋、其他禽蛋中重量的占比分别为12%、13%、11%。根据国家统计局数据，2018年我国禽蛋产量为3128万吨。其中，2018年高产配套系鸡蛋产量为1767万吨，蛋鸭产量307万吨，地方特色鸡蛋322万吨，草鸡蛋产量373万吨，其他禽蛋产量359万吨。根据中国海关总署数据，我国禽蛋的进出口量极少，本研究予以忽略。根据本次调研情况，禽蛋中高产配套系鸡蛋、特色鸡蛋、草鸡蛋、鸭蛋、其他禽蛋在产业链中的损耗率分别为3.41%、2.8%、2.6%、2.0%、2.0%。由此可以得出我国2018年禽蛋损耗量为85.22万吨。

根据《中国食物成分表》，通过禽蛋占比加权计算得到每百克禽蛋中含有13.42克蛋白质、8.94克脂肪、148.04千卡热量。2018年，我国禽蛋可食用部分供给量为2678万吨，按照2018年我国人口总量13.95亿计，2018年我国人均有效禽蛋供给量为19.2千克/年，折合52.4克/天；提供热量78千卡/人/天，蛋白质7.1克/人/天，脂肪4.7克/人/天；分别占《中国居民膳食指南》日均推荐量的3.6%、8.4%和6.8%。

五、建议

首先，禽蛋的损耗与养殖设备、养殖规模、经营方式、运销距离等因素有关，这些因素随着产业发展不断变化，需要进行持续的跟踪调查。其次，禽蛋中维生素A、维生素E，以及部分B族维生素含量均高于肉类产品，未来应扩展禽蛋营养素有效供给量的测算范围，科学地推广禽蛋消费，培养健康饮食习惯。

引用和参考文献

[1] 沈振华：《禽蛋食品的全产业链追溯系统的设计与实现》，北京邮电大学2015年博士学位论文。

[2] 梁延斌：《河北省鲜活农产品流通中的问题及对策研究》，河南师范大学2016年硕士学位论文。

[3] 刘尧：《我国食物供应链上的损失和浪费及其资源环境效应——以大米和猪肉为例》，中国科学院大学2017年博士学位论文。

[4] 刘雪凡：《农产品流通损耗因素的分类框架搭建》，《赤峰学院学报（自然科学版）》2017年第18期。

[5] 高洁华等：《农产品物流损耗原因分析》，《物流工程与管理》2015年第5期。

[6] 刘浩：《生鲜农产品冷链物流的现状及发展对策》，《中国农业资源与区划》2016年第3期。

[7] 孙企达、赵大云、孙海宝：《实用农产品和食品保鲜技术

手册》，上海科学技术出版社2005年版。

[8] 王禹等：《关于食物浪费、食物损耗与食物损失的界定研究》，《中国食物与营养》2016年第22期。

第五章

我国食物全产业链损耗情况及减损建议

程广燕　王瑞港　卢士军　周　琳　杨祯妮
唐振闯　赵明军　马　闯　王宇光

摘要：我国是农业和人口大国，减少食物损耗对于保障我国粮食安全和食物系统可持续发展尤为重要。目前制约各国减损的一个重要障碍是损耗数据不清晰。该研究首次基于典型系统调研，揭示我国食物总体损耗率为14.7%，蔬菜、水果、水产品损耗率分别居于前三，总体食物减损空间在五成左右，如减损一成，可减少食物热量损失21.6万亿千卡，相当于1100.4万吨粮食；可节约耕地面积2878.6万亩，满足约2400万人一年的生活。本书建议通过加强基础设施建设、加大减损科技支撑、大力发展北方设施蔬菜、强化地方政府责任、加强减损宣传等举措减少食物损耗。

关键词：食物，全产业链，减损，建议

一、我国食物全产业链损耗情况

依据联合国粮农组织定义,食物损耗是指食物在生产、收获后处理、贮藏、加工、流通等环节由于人为、技术、设备等因素造成的食物损失,不包括在消费端由于人为因素造成的食物浪费。从实地调研结果来看,我国食物全产业链损耗主要有以下三个特点。

(一)我国全产业链食物损耗率为14.7%,减损空间在五成左右

粮食、肉类、蔬菜、水果、奶类、水产品、蛋类等7大类食物按重量加权平均损耗率为14.7%,与世界平均水平(13.8%)较为接近,低于中南亚(20.7%)、欧洲(15.7%)、北美(15.7%),高于日本(13.1%)、澳大利亚(5.8%)、新西兰(5.8%)。按照2019年产量数据,我国食物损耗总量为2.37亿吨。基于对不同主体各环节损耗情况对比分析,粮食、蔬菜、水果等植物性食物减损空间为40%~60%,肉类减损空间为15%~20%,水产品减损空间为25%~30%,奶类、蛋类减损空间非常小,总体可减少食物损耗0.9亿~1.4亿吨,减少热量损耗82.9万亿~124.0

万亿千卡；按每人每天摄入2400千卡能量计，食物减损量可以保障1.0亿~1.4亿人一年的生活。

（二）不同种类食物全产业链损耗率差异较大，蔬菜、水果、水产品损耗率分居前三

从各类食物代表性品种调研结果来看，蔬菜、水果、水产品、粮食、肉类、奶类、蛋类损耗率分别为27.7%、13.2%、8.1%、7.9%、6.6%、4.6%、3.4%。除不同食物耐储性不同之外，价格也是造成食物损耗差异较大的重要原因，价格相对较低的蔬菜、水果损耗率明显较高，经济价值较高的动物性食物损耗率普遍较低。对蔬菜、水果而言，减损所需增加的基础设施等投入大于减损带来的收益，利益主体缺乏减损的主动性。以2019年产量计，损耗量最大的三种食物分别是蔬菜、粮食、水果，分别损耗了15212.5万吨、4246.6万吨、3235.7万吨，三者合计占总损耗量的96%。

（三）产业链前端损耗较大占总损耗的63%，加工环节损耗率最低平均为0.5%

从所调研7大类食物整体情况看，生产、收获后处理、贮藏、加工、流通环节损耗率分别为4.3%、4.9%、2.6%、

0.5%、2.3%，损耗主要发生在产业链前端，生产及收获后处理约占总损耗量的63%，贮藏加工流通环节的损耗占37%。值得说明的是，随着消费者日益追求"精米白面"，我国粮食出成率不断下降，加工的麸皮、碎米等副产品全部进入到饲料或深加工行业二次利用，虽未造成损耗数量增加，但营养损失很大，已有研究表明，粮食精加工的营养损失最高可达近八成。在流通环节，生鲜类产品的损耗率普遍在2.0%以上，明显高于粮食（0.7%），除产品本身不易储存之外，也跟消费者追求"鲜活"的消费偏好有关，该偏好尤其体现在水产品消费上。

二、造成食物损耗的主要原因分析

（一）各环节基础设施及配套设备不健全

在生产及收获后处理环节，机械收割与屠宰设备普及程度和生产效率有待提高是造成损耗的重要原因。调研发现，使用机械收获马铃薯的损耗率要比人工收获马铃薯低近2个百分点；中小规模肉类企业加工预冷排酸、分割技术水平相对较低，致使落地碎肉及伤肉量较大造成损耗。在储存环节，尤其是产地临时储存，多为常温贮藏且条件简陋，缺乏低温化处理，易造成粮食霉变、生鲜食物腐烂变质等损耗。在流通环节，蔬菜运输过程中广泛使用冰瓶降温保鲜，减损效果与冷链相比有差距，我国果蔬冷链运输率约为30%，而日本、美国等发达国家高达80%以上。已有研究表明，运输中环境温度每升高10摄氏度，易腐食品的变质率会增加2~3倍。

（二）作业不规范且技术水平低

调研发现，各类食物生产及产后处理普遍存在操作不规范、技术水平低导致的损耗。对粮食来说，绝大多数为机械化收割，机械精度不高和操作不当是造成损耗的主要原因，这一环节损耗率最低可以控制在1.9%，最高则达4.4%。对蔬菜水果来说，大多为手工采摘，存在手法不当、采后处理不规范等问题，蔬菜生产及产后处理损耗最低可以控制在9.2%，最高则达25.1%。对动物性产品来说，广泛存在肉类加工分割处理、奶类杀菌与干燥等环节技术水平低、操作不当造成的损耗，因技术水平限制导致的损失约占动物性产品损耗的五分之一。

（三）产销运输距离长且流通环节过多

随着农业生产逐渐向优势产区集中，"北粮南运""南菜北运"等现象日益突出。流通环节多、距离长造成大量食物损耗，突出体现在蔬菜水果上。海南、广东、广西和云南是主要的南方蔬菜生产基地，目标市场主要为北京、河北、河南和山东，平均运输距离约2300公里。此外，我国蔬菜流通约一半为五站式流通模式，即生产者-产地批发-销地批发-销地市场-消费者。流通距离长、反复装箱、多次搬运等已成为流通环节损耗的重要原因。

（四）居民食物消费观念存在误区

消费者日益追求"精米白面""鲜活"的消费理念也是造成食物损耗的重要原因。消费者过分追求"亮、白、精"的错误消费观念，导致粮食过度加工，造成粮食中大量维生素B族、矿物质等微量元素损失，进一步加剧隐形饥饿。随着消费者对蔬菜品质要求提高，很多蔬菜也是"精修"后上市，比如"大白菜"修剪为只剩十分之一的"娃娃菜"，大葱只保留葱白部分等。"活鱼""活虾"等水产品一直比较受消费者青睐，鲜活水产品消费占比较高，与冷鲜、冷冻产品相比，鲜活产品在流通贮藏环节损耗率高出2个百分点。

三、推动食物减损的政策建议

新冠肺炎疫情、国际性冲突战乱和气候变化三大挑战，使得全球食物系统面临前所未有的压力。我国既是人口大国，又是农业大国，且人均农业资源非常有限，粮食等重要农产品继续增产难度较大，必须转变传统观念，把减损作为保障我国粮食安全和食物系统可持续发展的重要举措，实现从一味做"加法"到做"减法"的转变，本书立足当前食物损耗的主要成因，提出如下建议。

（一）加强基础设施建设，增加配套设备投入

基础设施和配套设备投入较大、回报周期长，但减损效果好，是世界各国推动食物减损的重要举措。一是增加农业生产及产后处理相关的基础设施和配套设备投入，提高收割、贮藏、分割等环节机械化、智能化水平，提高产地冷藏保鲜处理比重。二是要全面推进冷链物流系统发展，完善冷链物流基础设施网络，推广先进冷链设备应用，加快补齐农产品产地"最先一公里"短板。

（二）加大减损科技支撑，构建减损标准体系

一是加快食物减损科技创新，研发适用于不同地形、

不同品种高精度农业收割机械，提升储运流通减损保质关键技术，重点突破长保质期营养保持技术。二是把减损作为农民技术培训的一项重要内容，针对不同产品建立减损技术要点与技术规程，减少因操作不当产生的损耗。三是加快构建全产业链食物减损标准体系，加快推进食物减损关键环节、重点领域标准研制，通过标准化推动先进技术、工艺、产品、设备、设施等及时应用于食物减损实践。

（三）大力发展北方设施蔬菜，促进产销直接对接

一是进一步做大北方设施蔬菜产业，科学确定适于不同地区的设施类型与结构，扩大北方蔬菜生产规模，明显提高北方蔬菜自给水平。二是多种渠道促进产销精准对接。积极引导规模化经营主体与营销主体对接，加强主产区与重要城市重点地区协调配合，提高农产品流通效率。

（四）强化地方政府责任，构建食物减损考核机制

建议把减少食物损耗作为实现"双碳"目标的一项重要内容，将减少食物损耗纳入地方政府考核内容。要立足各地实际情况，提出差异化减损目标、重点清单和考核指标。建立定期评估考核机制，把减损评估结果与地方考核相挂钩，提高地方政府在减损工作中的积极性和主动性。

（五）加强宣传引导，提升全社会食物减损意识

加强营养与健康宣传，推行适度加工理念，扭转消费者以"亮、白、精"为选择标准的错误观念。引导居民改变追求过度"鲜活"的消费习惯，提倡消费"冷鲜"产品。鼓励消费当地当季食物，缩短食物里程。提高食物生产与加工企业减损意识，推动利益主体积极参与食物减损工作。总结推广减损增效典型模式和先进经验，营造全社会共同关注、协同支持农产品减损的良好氛围。

后 记

我国是农业和人口大国，水土资源有限，食物增产难度越来越大，减少食物损耗与浪费对于保障我国粮食安全和食物系统可持续发展尤为重要。联合国已将减少食物损耗与浪费列为可持续发展主要目标，目前制约各国减损的一个重要障碍是损耗数据不清晰。2015—2020年，在农业农村部、科技部重点研发计划及中国农科院创新工程支持下，我们历时6年完成粮食、蔬菜、水果、肉类、蛋类、奶类、水产品7大类食物全产业链损耗调研，调研对象涉及25个省（区）共35个农产品主产县（区）、1809名农户、300家企业，相关研究成果在国际资源环境领域顶刊 *Resources, Conservation & Recycling* 上发表，《关于推动食物减损的建议》以农科院专报形式上报农业农村部并得到领导批示。

该研究也得到了人民日报、新华网、光明日报等国家

后　记

级主流媒体的宣传报道，将为全社会减少食物浪费提供重要科学支撑。本书损耗评估是基于典型系统调研的初步评价结果，特别感谢科技部国家重点研发计划、农业农村部畜牧兽医局、农业农村部发展规划司、中国水产科学院、中国蔬菜协会、北京博亚和讯农牧技术有限公司等单位对损耗调研及研究工作的支持！由于调研对象众多、产业链长，先后有王世语、姚方方、张敏、杨森、宋玉晶、李想、何佩青、武辽伟、张述航等多名研究生自愿参加现场调研并完成数据清理分析。在此，对以上给予支持的单位和个人一并表示感谢！

值得说明的，我国食物种类众多，各地各品种损耗情况差异很大，观点和文字难免有不妥和疏漏之处，敬请各位读者批评指正。

程广燕

2022年11月